国家社科基金冷门"绝学"和国别史研究专项"俄藏满文珍稀文献抢救性整理与综合研究"

（18VJX014）结项成果

俄罗斯满文珍稀文献释录

王敌非　著

商务印书馆
The Commercial Press

图书在版编目(CIP)数据

俄罗斯满文珍稀文献释录/王敌非著. —北京:商务
印书馆,2024
ISBN 978 - 7 - 100 - 23287 - 6

Ⅰ.①俄⋯ Ⅱ.①王⋯ Ⅲ.①满语—文献—注释
Ⅳ.①H221

中国国家版本馆 CIP 数据核字(2024)第 006204 号

俄罗斯满文珍稀文献释录
王敌非 著

商 务 印 书 馆 出 版
(北京王府井大街36号 邮政编码100710)
商 务 印 书 馆 发 行
北京盛通印刷股份有限公司印刷
ISBN 978 - 7 - 100 - 23287 - 6

2024 年 6 月第 1 版　　　　开本 710×1000 1/16
2024 年 6 月北京第 1 次印刷　　印张 11¾
定价:68.00 元

目　录

目 录

序

中国是世界上文字种类最为丰富的国家，历史上，辽、西夏、金、元和清等少数民族建立的王朝都曾由政府下令创制了全新的文字，并作为"官方文字"推行全国。这些民族文字创制后，统治者往往也用其来翻译儒家经典，使百姓"知仁义道德所在"，并使士大夫接受中国传统典章制度，服膺儒学，用以治朝理政。中国少数民族古文字文献是中华优秀传统文化的重要载体，其所记录的历史文化内容是中华传统文化博大精深的有机组成部分，所承载和延续的是中华民族宝贵的文化遗产与文脉。

自 18 世纪始，西方探险队、传教士和驻华使节在中国"丝绸之路"沿线及长城内外、中原内地游历，陆续在河西走廊、居庸关、唐乾陵、辽庆陵和河南开封等地发现了大量藏文、回鹘文、八思巴文、西夏文、契丹小字、契丹大字和女真文等写卷和碑刻。20 世纪初，敦煌莫高窟和黑水城"大塔"的发掘，出土了数以万计的藏文、回鹘文和西夏文等文献。在辨识这些文字的过程中，西方国家热衷于通过各种方式搜集中国文献，不仅使其成为世界各主要图书馆的特藏，亦掀起了研究中国少数民族古文字文献的热潮。

中国与俄罗斯国土接壤，交往密切。清代俄罗斯来华人员从中国搜集了近千种满文文献，以服务于本国的满语文教学和与中国的文化学术交流。在数量上，携往欧洲、日本和美国等地的满文文献居各种古文字文献首位；在价值上，俄罗斯收藏的满文文献独树一帜、最富特色。王敌非撰《欧洲满文文献总目提要》（中华书局，2021 年）系统描述了欧洲满文文献典藏中的古籍部分；吴元丰主编《美国哈佛大学哈佛燕京图书馆藏满文文献选编》（广西师范大学出版社，2021 年）

按文本特征分类刊布了柯立夫捐献哈佛燕京学社满文文献中较为珍稀的图书和档案原件，并编制了目录，受到了学界的广泛关注。

此前，俄罗斯学者也曾著录本国收藏的满文文献。由于分类方式的区别，同种文献与国内著录的题名不甚一致，不方便对照研究；另外，由于俄罗斯国内不同历史时期的著录标准的区别，同种文献俄文译名亦不尽相同，严重限制了这批文献的利用。现在，我们欣喜地看到，王敌非通过多年的不断努力，在充分了解欧洲（含俄罗斯）满文文献典藏的基础上，出版了《俄罗斯满文珍稀文献释录》。该书采用我国传统的著录体例，按《四库全书总目提要》和《续修四库全书总目提要》次第分类排列，将俄罗斯所藏满文文献中的珍稀版本纳入统一框架下逐一加以著录研究，不仅可以补足国内文献收藏的缺失，还可为近代国外中国语文（含少数民族语文）教育、中俄学术和文化交流等历史研究提供不可或缺的文献资料。敌非受过系统专业的语言学与文献学训练，且掌握多种少数民族语文与外国语文，擅长以中国传统语言学的方法研究满文文献，近年来尤为关注海外满文文献典藏及相关问题的研究，成果颇丰。《俄罗斯满文珍稀文献释录》是中外学界研究俄罗斯满文文献典藏的指导门径之作，极大地方便了学界参照国内文献开展相关研究。该书的出版必将嘉惠学林，进一步促进中国近代历史语言文化的研究。

孙伯君

2023 年 2 月

导　言

由于中国与俄罗斯接壤，自 18 世纪至 20 世纪初，大批俄罗斯汉学家（传教士）、商人、外交官和科考队来到中国，通过购买和交换等方式搜集了大量中国文献。目前，俄罗斯藏有近千种满文文献。这批文献以古籍图书为主，并包括部分文书档案以及来华人员翻译整理、编撰创作的满文著述，其内容涉及中国清代语言、历史、文化、宗教和民俗等多方面，是中俄交流及中华优秀传统文化国际传播研究的重要参考资料。

俄罗斯科学院东方文献研究所（圣彼得堡）、俄罗斯国立图书馆（莫斯科）、俄罗斯国家图书馆（圣彼得堡）、圣彼得堡大学东方系图书馆、俄罗斯科学院西伯利亚分院（新西伯利亚）、伊尔库茨克国立大学图书馆、艾尔米塔什博物馆（圣彼得堡）和伊尔库茨克国立综合博物馆科学文献部等机构均藏有满文文献，在数量和价值上属圣彼得堡藏品最为瞩目。

（一）俄罗斯科学院东方文献研究所

俄罗斯科学院东方文献研究所（Институт Восточных Рукописей Российской Академии Наук）藏有 586 种满文文献（К. С. Яхонтов, О. В. Васильева, 1991 : 3），先后由郎喀（Лоренц Ланг, 1690—1752）、叶拉契奇（Франц Лука Елачич, 1808—1888）、帕雷舍夫（А. Парышев, 1737—1809）、西林格（П. Л. Шиллинт, 1786—1837）、格列宾希科夫（А. В. Гребенщиков, 1880—1941）、伊万诺夫斯基（А. О. Ивановский,

1863—1903）等搜集于中国各地，陆续经罗索欣（И. К. Россохин，1717—1761）、列昂季耶夫（А. Л. Леонтьев，1716—1786）、柯恒儒（Heinrich Julius Klaproth，1783—1835）、卡缅斯基（П. И. Каменский，1765—1845）、利波夫措夫（С. В. Липовцов，1770—1841）、沃伊采霍夫斯基（О. П. Войцеховский，1793—1850）、班扎罗夫（Д. Банзаров，1822—1855）、安文公（Д. С. Честиой，1801—1866）、科特维奇（В. Л. Котвич，1872—1944）、克罗特阔夫（Н. Н. Кротков，1869—1919）和热波洛夫斯基（В. А. Жебровский，1893—1938）等分别整理，完整目录由沃尔科娃（М. П. Волкова，1927—2006）和庞晓梅（Т. А. Пан，1955—　）公布（М. П. Волкова，1965；М. П. Волкова，1988；Tatjana A. Pang，2001）。

（二）圣彼得堡大学东方系图书馆

圣彼得堡大学东方系图书馆（Библиотека Восточной Факультета Санкт Петербургского Университета）藏有467种满文文献（К. С. Яхонтов，О. В. Васильева，1991：3），先后由奥·科瓦列夫斯基（А. М. Ковалевский，1801—1878）、王西里（В. П. Васильев，1818—1900）、西维洛夫（Д. П. Сивиллов，1798—1871）和柏百福（П. С. Попов，1842—1913）等搜集于北京，初收藏于喀山大学（Казанский Федеральный Университет），后移交至圣彼得堡大学（Санкт Петербургский Государственный Университет），陆续经奥·科瓦列夫斯基、王西里整理，完整目录由雅洪托夫（К. С. Яхонтов，1966—　）和魏汉茂（Hartmut Walravens，1944—　）公布（К. С. Яхонтов，1986；Hartmut Walravens，2001）。

（三）俄罗斯国家图书馆

俄罗斯国家图书馆（Российская Национальная Библиотека）藏

有 52 种满文文献（聂鸿音，2004：75—79），先后由杜勃洛夫斯基（П. П. Дубровский，1754—1816）、符洛洛夫（П. К. Фролов，1774—1839）、卡缅斯基、先科夫斯基（О. И. Сенковский，1800—1858）和西帕科夫（М. Д. Сипаков，1788—?）搜集于中国各地，陆续经多尔恩（Б. А. Дорн，1805—1881）和普罗托波波夫（А. Г. Протопопов，1866—1918）分别整理，完整目录由雅洪托夫和瓦西里耶娃（О. В. Васильева，1953—　）共同公布（К. С. Яхонтов，О. В. Васильева，1991）。

（四）伊尔库茨克和新西伯利亚等

伊尔库茨克有 43 种满文文献，分别藏于伊尔库茨克国立大学图书馆（Научная Библиотека Иркутского Государственного Университета）和伊尔库茨克国立综合博物馆科学文献部（Иркутский Государственный Объединенный Музей Научная Библиотека），先后由比丘林（Н. Я. Бичурин，1777—1853）、季姆科夫斯基（Е. Ф. Тимковский，1790—1875）搜集于北京和乌鲁木齐，陆续经卡缅斯基和诺沃肖洛夫（В. С. Новосёлов，1749—1824）整理，完整目录由雅洪托夫公布（К. С. Яхонтов，1994）。新西伯利亚有 34 种满文文献，藏于俄罗斯科学院西伯利亚分院蒙古藏学佛教研究所（Институт Монголоведения Буддологии и Тибетологии Сибирское Отделение Российская Академия Наук），因缺乏详细资料，其入藏的详细历史过程仍不得而知，完整目录由齐伦皮洛夫（Николай Владимирович Цыремпилов，1974—　）和万其科娃（Ц. Ванчикова，1945—　）公布（Nikolay Tsyrempilov，Tsymzhit Vanchikova，2004）。除此之外，俄罗斯国立图书馆（Российская Государственная Библиотека）藏有 8 种满文文献（Hartmut Walravens，1996：106），符拉迪沃斯托克东方研究所（Владивостокский Восточный Институт）藏 6 种满文文献（Hartmut Walravens，1996：109）。

经过近两个世纪的积累，俄罗斯已成为域外最大的中国文献收藏中心之一。俄罗斯满文文献典藏内容丰富，包罗万象，涉及语言学、历史学、宗教学、民俗学、天文学、地理学和医学等诸多方面，是研究中国清代政治、经济、法律、外交、民族、科技、文学和艺术等方面不可或缺的参考资料。

1. 多年来，俄罗斯收藏的满文文献得到了较为科学的整理，出版了多部目录。然而，从各目录的题名与馆藏著录卡片来看，俄罗斯满文文献多以学科分类，如 Классики "经典"、История "历史"、Военная Администрация "军事管理"、Грамматики, Упражнения "语法·教材" 和 Художественная Литература "文学" 等大类，其中 Философия Религия "哲学宗教" 类下分设 Конфуцианство "儒家"、Буддизм "佛家" 和 Даосизм "道家" 等属类。与此相比，国内满文文献则兼有学科分类法与传统古籍分类法（黄润华、屈六生，1991；卢秀丽、阎向东，2002）。

2. 俄罗斯收藏的满文文献在题名著录上与国内略有不同，如《满汉类书全集》俄藏本与国内藏本著录满文题名分别音译汉文题名为 man han lei šu ciyūn ji 与 man han lei šu ciowan ji①，其中 "全" 音译不同。另外，俄罗斯满文文献典藏中音译题名的方式较多，如《大清太祖高皇帝本籍》，俄藏本著录作 "本籍"，音译为 ben ji i bithe②，国内藏本多意译为 da hergin i bithe "本纪"（何砺砻，2022：314）。

3. 俄罗斯满文文献典藏中含有大量不为学界所知的珍稀文献，其可分为以下三个类型：第一，孤本，指某书仅有一份在世间流传的版本，亦指仅存一份未刊手稿或原物已亡佚，仅存的一份拓本；第二，稀缺版本，指未藏于中国而藏于其他国家的文献版本；第三，其他版本，指因文种不同而产生的文献版本。俄罗斯满文珍稀文献中以写本最为丰富多样，价值不菲。各馆所藏的写本文献中，手稿本和稿本较少，根据其中的题识与满文书写方式可知，大多数写本均为俄罗斯汉学家（传教士）经国内存刻本或写本过录的钞本。俄罗斯汉学家（传教士）在过录这些文献时，或增加个人批注，或保持内容原貌，但在过录刻本文献时，多力求按刻本文献原貌增加版框。

---

① 另有意译题名作 manju nikan hergen duwali ilgaha bithe "《满汉类书全集》"。
② "本籍" 应作 "本纪"。

凡　例

1. 本书分别著录俄罗斯收藏的满文珍稀文献，含原刻本、原写本、石印本及俄罗斯汉学家（传教士）的复钞本和复印本。文献相关信息以实际调研为准并参照馆藏著录卡片与各类出版目录。惟私人各类藏品与未公布藏品不予著录。珍稀文献参照国内典藏，指"导言"所述孤本、稀缺版本、其他版本和部分残钞本。惟与国内藏品内容相同、版本不同的文献不予著录。

2. 本书所收文献为清人及清代外籍来华人员以满文（含与其他文字合璧）所撰书籍，其余如档案、官私文书及金石铭刻等不予著录。各机构藏同书同版文献若不止一部，则仅著录其一，详情见书后"各机构藏文献索引"。

3. 本书著录文献参照《四库全书总目提要》和《续修四库全书总目提要》，按"小学类""儒道类""医家类""释家类""基督类""文学类"和"综合类"次第排列，惟同一类文献下不再细分次类。

4. 本书著录依照刻本在先、石印本（复印本）其次、写本（钞本）在后的顺序。同类文献按成书或收藏时间顺序排列，同种文献按版本类别和刊印时间顺序排列。

5. 本书所录文献以汉文命题，后附满文的穆林德夫式转写。书题参照卷端、目录、版口和封面依次选录。若文献无满文题名，则自拟并以"※"号标识；若文献无汉文题名，则自拟并以"*"号标识，拟题时尽量参照前人著录，详情见书后"文献汉文题名索引"与"文献满文题名索引"。原书有俄文题者照录，详情见书后"文献俄文题名索引"。

6. 本书所录文献题下依次著录编写责任人、内容定义、版本定义、版式描写及特殊标记、俄罗斯收藏机构。责任人姓名前括注朝代或国籍，姓名后括注生卒年，不可考则标以"佚名"；外国人名后括注原文及生卒年，不可考则从略。版本鉴别据内封、牌记、序跋、避讳字诸项而定。

7. 本书在著录要素后附满文珍稀文献原文部分内容、俄罗斯收藏机构名称缩写。文献内容存汉文者照录，未存汉文者则经笔者翻译补录。文献若因老化霉变、虫咬鼠啮、水渍火烬、酸化絮化等自然原因导致的脱文而实不可考，则以"□"代替。

8. 本书附"各机构藏文献索引""文献汉文题名索引""文献满文题名索引""文献俄文题名索引"和"文献相关人名索引"。"各机构藏文献索引"包括文献所藏机构缩写与索书编号。"文献汉文题名索引""文献满文题名索引""文献俄文题名索引"中文献均为正文"小学类"至"综合类"所涉，不包括"导言"和"结语"所涉文献，惟"文献相关人名索引"包括"导言"和"结语"所涉人名，各类"索引"内数字依次表示文献所在的章、条目（用括号标记）及页码。

9. 各机构名称缩写如下：

ИВР РАН-СПб：俄罗斯科学院东方文献研究所（Институт Восточных Рукописей Российской Академии Наук, Санкт Петербург）

РНБ-СПб：俄罗斯国家图书馆（Российская Национальная Библиотека, Санкт Петербург）

ВФСПУБ-СПб：圣彼得堡大学东方系图书馆（Библиотека Восточной Факультета Санкт Петербургского Университета, Санкт-Петербург）

РАН-НСб：俄罗斯科学院西伯利亚分院（Сибирское Отделение Российской Академии Наук, Новосибирск）

РГБ-М：俄罗斯国立图书馆（Российская Государственная Библиотека, Москва）

ИГУБ-И：伊尔库茨克国立大学图书馆（Научная Библиотека Иркутского Государственного Университета, Иркутск）

一 小学类

经学文献是儒家经典与后世儒生解说经书的著作，位居文献四大部类之首（张三夕，2011：87—88）。小学为中国传统语言学，包括研究语音的音韵学、解释语义的训诂学和分析字形的文字学。小学类文献归属经部，俄罗斯满文小学类文献共84种，包括汉、满、藏、蒙古等语言文字的翻译、注释以及工具书，按《四库全书总目提要》可分为训诂、韵书和字书三类，其中珍稀文献14种。

1.《满汉同文新出对象蒙古杂字》（man han tung wen sin cu dui siyang monggo dza dzai）一卷

［清］佚名辑，嘉庆六年（1801年）文成堂刻本，线装1册。页面25.5×15.7厘米，版框18.8×13.4厘米。白口单黑鱼尾，上下双边，左右单边。满蒙汉合璧，分上、中、下3栏，上栏自右向左为名物的汉文名称及其满文对音，中栏为与该名物相对应的图画，下栏自左向右为该名物的蒙古文名称及其汉文对音，各8行。版心有汉文页码。首叶右上方镌满汉合璧 man han tung un "满汉同文"，中镌蒙古文、汉文合璧 sin cu dui siyang monggo dza dzai "新出对象蒙古杂字"，左下方镌汉文"文萃堂梓行"，卷端处镌汉文"新刻校正买卖蒙古同文杂字"，末叶镌汉文题款"嘉庆辛酉年新刻文萃堂梓行"。

man han tung wen sin cu dui siyang monggo dza dzai《满汉同文新出对象蒙古杂字》 jang žin，丈人，qadam ečige，哈都木厄七克；gu mu，姑母，üküi，厄愧；gu fu，姑父，kürgen naɣa，柯勒根那喀；gio mu，舅母，naɣaču bergen，纳克出伯勒根；gio gio，舅舅，naɣaču，纳克出；i mu，姨母，jege naɣaču egeči，甲克那克出厄客

济；tai dzi，太子，qan i keüken，罕尼扣肯；niyang niyang，娘娘，qan i qatun，罕尼哈吞；hūwang di，皇帝，qan，罕；me，魔，albin，阿而兵；gui，鬼，čidkür，七土故耳；šen，神，saqiγuluγsan，萨气乌栗。

РНБ-СПб

2.《音韵翻切字母》（mudan i hergen getukelere hergen toktoho）不分卷

　　［清］佚名辑，学习梵文与藏文的音韵学教材，例字取材于《钦定同文韵统》（hesei toktobuha tung wen yūn tung bithe），刻本，线装1册。页面 26×10 厘米，版框 21×6.5 厘米。满藏梵汉合璧，半叶文种、行数、行字均不等。

　　mudan i hergen getukelere hergen toktoho《音韵翻切字母》　a，a，a，阿；ā，ā，aa，阿阿①；i，i，i，伊；ī，ī，ii，伊伊；u，u，u，乌；ū，ū，uo，乌乌；r̥，r̥，ri，唎；r̥̄，r̥̄，rii，唎伊；l̥，l̥，li，利；l̥̄，l̥̄，lii，利伊；e，e，e，厄；ai，ai，ei，厄厄；o，o，o，鄂；au，au，oo，鄂鄂；aṁ，aṁ，aṁ，昂；aḥ，aḥ，aḥ，阿斯；ka，ka，g'a，嘎；kha，kha，k'a，喀；ga，ga，ga，噶；gha，gha，gha，噶哈；ṅa，nga，ṅa，迎阿；ca，tsa，ts'a，匝；cha，tsha，tsha，榇；ja，dza，dza，杂；jha，dzha，dzha，杂哈；ña，nya，niya，尼鸦；ṭa，ṭa，ṭa，查；ṭha，ṭha，ṭha，叉；ḍa，ḍa，ja，楂；ḍha，ḍha，ḍha，楂哈；ṇa，ṇa，ṇa，那；ta，ta，d'a，答；tha，tha，ta，塔；da，da，da，达；dha，dha，dha，达哈；na，na，na，纳；pa，pa，p'a，巴；pha，pha，pa，葩；ba，ba，ba，拔；bha，bha，bha，拔哈；ma，ma，ma，嘛；ya，ya，ya，鸦；ra，ra，ra，唎；la，la，la，拉；wa，wa，wa，斡；śa，śa，ša，沙；ṣa，ṣa，ṣa，卡；sa，sa，sa，萨；ha，ha，ha，哈；kṣa，kṣa，kṣa，嘎刹。

ВФСПУБ-СПб

---

　　① 此处"阿"字号稍小，表示前字的长音，以下"伊伊""乌乌""唎伊""利伊""厄厄""鄂鄂"均有如此类。

3.《新刻满汉指明解要议论》（sin ke man h'an jy ming giye yoo i lun）一卷

［清］溪霞撰，对照辞书。京都聚兴斋刻本，线装 1 册。页面 21×13 厘米，版框 17×11.5 厘米。白口单黑鱼尾，四周双边。满汉合璧，半叶满、汉文各 5 行。每栏首为汉文语义，其下分别为满文翻译和汉文标音。版心有汉文题名《满汉议论》（man h'an i lun）和页码。原属布罗塞（М. И. Броссе，1802—1880）藏品。

sin ke man h'an jy ming giye yoo i lun《新刻满汉指明解要议论》 兄：age，阿哥；亲兄：banjiha ahūn，班吉哈阿昏；长兄：amba ahūn，阿么巴阿昏；出母：hokoho eme，豁科豁厄嬷；嫁母：eigen gaiha eme，厄衣跟该哈厄嬷；乳母：huhun i eme，忽昏尼厄嬷，meme，嬷嬷，eniye，厄乜；继母：sirame eme，西拉摸厄嬷；后母：banirke eme，八尼儿科厄嬷；养母：ujihe eme，巫吉喝厄嬷；生母：banjiha eme，班吉哈厄嬷。

ИВР РАН-СПб

4.《满汉幼学杂字》（man han io hiyo dza dzi）一卷

［清］溪霞撰，配有插图的对照辞书。京都聚兴斋刻本，线装 1 册。页面 17.5×10.5 厘米，版框 13.5×9 厘米。白口单黑鱼尾，四周单边。满汉合璧，半叶满、汉文各 5 行。分上、中、下 3 栏，上栏满文音译汉文，中栏对应插图，下栏满文意译汉文。版心有汉文页码。

man han io hiyo dza dzi《满汉幼学杂字》 田：tiyan，usin，五辛；墓：mu，eifu，厄一夫；园：yuwan，yafan，牙番；林：lin，bujan，布占；村庄：ts'un juwang，gašan tokso，噶善托革所；水：šui，muke，木刻；石：ši，wehe，乌厄黑；路：lu，jugūn，朱红；井：jing，hūcin，胡亲；墙：ciyang，fu，夫；城：ceng，hecen，黑嗔；楼：leo，taktu，他可图；屋：u，boo，包；厅：ting，tanggūli，堂屋里；堦：giye，tergi，忒而欺。

ИВР РАН-СПб

5.《满汉问答指明总言全类杂字》（man h'an wen da jy ming dzung yan ciowan lei dza dzi）一卷

［清］溪霞撰，对照辞书，又题《新刻满汉问答指明总言全类杂字》

（ice foloho fonjime jabume šošohon gisun yongkiyalame hacin i dza dzi）。
京都聚兴斋刻本，线装 1 册。页面 21×13 厘米，版框 17.3×12.3 厘米。
白口单黑鱼尾，四周双边。满汉合璧，半叶满、汉文各 5 行。分上、
中、下 3 栏，每栏首为汉文语义，其下分别为满文翻译和汉文标音。版
心有汉文题名《满汉问答》（man h'an wen da）和汉文页码。

man h'an wen da jy ming dzung yan ciowan lei dza dzi《满汉问答
指明总言全类杂字》 正黄：gulu suwayan，沽鲁苏叫燕；正红：gulu
fulgiyan，沽鲁夫儿尖；镶红：kubuhe fulgiyan，枯不喝夫儿尖；镶
白：kubuhe šanggiyan，枯不喝商燕；正蓝：gulu lamun，沽鲁拉们；
右翼：jebele gala，折拨勒嘎拉；左翼：dashūwan gala，搭思欢嘎拉；
镶黄：kubuhe suwayan，枯不苏叫燕；正白：gulu šanggiyan，沽鲁商
燕；八旗：jakūn gūsa，扎昆沽撒。

ИВР РАН-СПб

6.※《西番字汇》（tanggūt hergen i isamjan）不分卷

［清］佚名著，对照词汇集，选自《五体清文鉴》（sunja hacin i
hergen kamciha manju gisun i buleku bithe），共收词九千余条。刻本，
线装 1 册。页面 35×22 厘米，版框 27×18 厘米。满蒙藏汉合璧，半
叶行数、行字均不等。

tanggūt hergen i isamjan《西番字汇》 hūdašara hūlašara hacin,
qudalduga kikü aralǰiqu ǰüil, nyo tshong dang brje ba'i skor, 贸易类；
gingnere miyalire hacin, ǰingnekü kemnekü ǰüil, 'degs pa dang gzhal
ba'i skor, 衡量类；buthašara hacin, gürügečilekü ǰüil, rngon byed
pa'i skor, 打牲类；buthašara de baitalara jaka i hacin, gürügečileküi
dür kereglekü yaguman no ǰüil, rngon chas kyi skor, 打牲用器类；fiyenten
i icihiyakū, keltes ün sidkegči, tshan dpon, 寺 丞；fiyenten i aisirakū,
keltes ün tusalaγči, tshan dpon'brel zla, 寺副；falgari i icihiyakū, balγad
un sidkegči, tshan'byed, 署正；falgari i aisirakū, balγad un tusalaγči,
tshan 'byed zla, 署丞；šeri, bulag, chu mig, 泉；halhūn šeri, qalagun
bulaγ, chu tshan, 汤泉；bulukan šeri, büliyen bulaγ, chu dron, 温泉；
šahūrun šeri, ǰigegün bulag, chu grang, 冷泉。

ВФСПУБ-СПб

7.※《新译成语摘抄词林》（ice ubaliyambuha toktoho gisun i isamjan）
四卷

［清］佚名辑，对照辞书，部分内容选自《六部成语》（ninggun jurgan i toktoho bithe）。光绪三十四年（1908年）斌记石印局石印本，线装4册。页面 23×15 厘米，版框 19×13 厘米。满蒙汉合璧，半叶行数、行字均不等。

ice ubaliyambuha toktoho gisun i isamjan ambara sindara, ekšeme sindara, ilhi aname sindara, oron be aliyara, niyeceme sindara be aliyara, forgošome sindara; usin hahai caliyan, jingkini hacin i caliyan, buyarame hacin i caliyan, julergi de benere ciyanliyang, ambarame wecere, miyoo de wecere, dulimbai wecere, tan soorin, bolgomimbi, targambi, hūsun bure hafan, uheri be kadalara, haha sain gabtara niyamniyarangge urehebi, da habšaha niyalma, juwe bakcin, beleme habšara, habšara baita be funde alime gaifi, birai weilen, ambarame dasatara, saligan i dasatara, buyarame dasatara, an i dasatara, muwašame dasatara.（《新译成语摘抄词林》 大选，急选，挨选，候选，候缺，候补，调补，地丁钱粮，正项钱粮，杂项钱粮，解南钱粮，大祀，庙享，中祀，丘坛，致斋，将才，统辖，武职兼辖，材技优长，原告，两造，诬告，包揽词讼，河工，大修，中修，小修，岁修，略修。）

ВФСПУБ-СПб

8.《满文创制者巴克什额尔德尼噶盖》（manju hergen banjibuha baksi erdeni g'agai）不分卷

［清］佚名辑，按汉文韵律编排的苏州码子与汉文对照辞书。光绪十九年四月初五日（1893年5月20日）写本，线装1册，计20叶。页面 22.5×21 厘米。满汉文，半叶行数、行字均不等。

manju hergen banjibuha baksi erdeni g'agai manju hergen banjibuha baksi erdeni g'agai, elhe taifin i hergen kooli bithe, hergen isambuhe bithe, sunja dere da mudan i bithe, hūlara bithe i □□□ , nikan hergen i ton be banjireme araha cese.（《满文创制者巴克什额尔德尼噶盖》 创制满文的额尔德尼噶盖，康熙字典，汇书，五方元音，诵书□□□，

5

书汉字数档。）

元日合兰（he lan），大清日满洲（man jeo），周日犬戎①（ciowan žung），汉日挹娄（i luo），魏日勿吉（u ji），唐日靺鞨（mai he）。

诿（nek）刂亖，䄂（nioi）乂，隄（dii）丨亖δ，趌（cioi）刂亖，噬（ši）丨〇刂攵，撝（hui）刂宀。

ИВР РАН-СПб

9.《规书》（kemungge ningge i bithe）不分卷

［清］佚名辑，满语文初学教材，由单句、短文和书评组成。雍正元年（1723 年）钞本，线装 1 册，计 17 叶。页面 26×21.5 厘米。满文，半叶 5 行。部分内容满文处标有汉文语音。封面左侧书满文 wesihun gebu i bithe "盛名之书"，右上书满文题名，满文题名右侧书 "定本大吉"；扉页中间书 "康熙六十年十月初三日记"，右侧书满汉合璧 ding ben da gi "新书大吉"②，左侧书汉文 "定本大吉"。全书计 49 段，每段开始处以小圈标记。

kemungge ningge i bithe wesihun deo umesi sure, damu hūsutuleme tacirakū be gisurere dabala, unenggi manju gisun be hing seme tacici, ubaliyambure jalin geli aiseme jobombi, aikabade mujilen sithūrakū oci, bahanara de inu mangga. ere baita serengge, sini dulembuhengge kai, aika sarkū sere babio.（《规书》 令弟甚慧，只是奋勉说不学罢了，实为翻译而专心习清语，只为翻译，又为何而愁？倘若心不专，学会也难。此事啊，汝之过也，有何不知吗？）

ИВР РАН-СПб

10.《集满语书》（isabuha manju gisun i bithe）不分卷

［清］佚名辑，满语文教科书，节选自《一百条》（tanggū meyen）。钞本，线装 3 册。页面 22×14.5 厘米。满汉合璧，半叶满、汉文各 3 行。

isabuha manju gisun i bithe etuku uncara niyalma be tuwahade, erin i halhūn šahūrun be uthai saci ombi, te bolori dubesilehe, ulhiyen

---

① 原文作涂改后的 "容"。
② 原文应译作 "定本大吉"。

ulhiyen i beikuwen① ume genere jakade, furdehe etuku kubun labdu emursu ningge seri jodon hiyaban etuku be fuhali saburakū. booi urse aba, suweni fahūn ai uttu amba, dekdeni henduhengge aniyadari bisan hiya be seremšen, dobori dari hūlha holo be seremšen sehebi, dobori šumin oho bime duka hono mila neihebi, hasa yaksi. sikse tese ishunde becunurengge, ai turgun, wei uru wei waka si sambio, tere ini waka dabala se asihan niyalma, anggai ini badar seme gisureci ojoro ojorakū babe heni gūnirakū.(《集满语书》 看了卖故衣的人，就可以知道时候的凉热，如今秋末了，渐渐地到了凉的时候去了，皮衣棉的多，单的稀少，葛布夏布衣裳竟全不见了，家人在那里，你们胆子怎么这么大，俗语说的年年防旱涝，夜夜防贼盗，夜深了，门还是大开着，昨日他们彼此打架，什么缘②故，谁是谁非你知道吗，那是他的不是罢咧，年轻的人，信口胡说一点儿不想使得使不得。)

ИВР РАН-СПб

11.《新满语》(ice manju gisun) 不分卷

［清］佚名著，对照辞书，节选自《五体清文鉴》，内容包含树木类、花卉类、草类、鸟类、羽族肢体类、走兽肢体类、诸畜类、牲畜孳生类、马匹类、马匹驰走类、骑驼类、马畜残疾类、牛类、牲畜器用类、龙蛇类、河鱼类、海鱼类和虫类等。钞本，线装 1 册，计48 叶。页面 25×15 厘米。满汉合璧，半叶满、汉文各 3 行。原属莫斯科波克罗夫斯基传教士修道院图书馆（Библиотека Московского Покровского Миссионерского Монастыря）藏品。

ice manju gisun《新满语》 mukdan moo，水松；saksin，杆松；jaksun，枞；jangga moo，樟；sirentu moo，榕；elderi moo，枕木；ingga moo，豫；niyahari nunggele moo，榎；singgeri šan，鼠耳菜；musiren，藤；bigan urangga moo，胡桐；wangga jalgasu moo，香椿树；wantaha，杉。

jakūn kuluk，八骏；kuluk jerde，赤骥；jirumtu suru，白义；dugūi

---

① 原文讹作 baikuwen。

② 原文讹作"绿"。

cohoro，骝轮；amurtu sarla，山子；omoktu konggoro，渠黄；gilbar keire，华骝；kuciker fulan，绿耳；argūma sarla，浴洼骏；kulutu fulan，苍龙骥；eguletu alha，锦云骒。

ИВР РАН-СПб

12.※《清汉行文语类汇钞》（manju nikan yabure hergen gisun i hacin i isabuha bithe）不分卷

［清］佚名辑，按十二字头编排的对照辞书，选自《音汉清文鉴》（nikan hergen i ubaliyambuha manju gisun i buleku bithe）。钞本，线装 4 册。页面 25×16 厘米。满汉合璧，半叶满、汉文各 7—8 行，小字双行。原属俄罗斯皇家科学院亚洲博物馆（Библиотека Азиатского Департамента）藏品。《音汉清文鉴》，［清］明铎等编，以《御制清文鉴》（han i araha manju gisun buleku bithe）为底本附以汉文语音解释满文词语的工具书。

manju nikan yabure hergen gisun i hacin i isabuha bithe《清汉行文语类汇钞》 ab sere hergen，元；abka，天；abka fundehun，天肃，秋色惨淡；abka buten，天涯；abka heyenehebi，天上微云；abgari banjimbi，人间；absalan，小腿骨，棒子骨，下臂骨，猴头骨；absi hojo，妙极；absi hihanakū，好没趣；abka saru，求天鉴知，天知道；absambi，憔悴，树焦，瘦干；abkai ari，天生淘气人，通天鬼；absi，何其，往何处，甚么样儿，怎么地，赞词；absi yabsi，怎么说，甚么样；abdaha aisin，叶子金；abka na，一天二地；abtala，修树枝；abtalambi，修去树枝子，折批；abtajambi，翎脱，物暴起块儿，自脱；abtajaha，箭翎跳断；abdaha efen，叶子饽饽。

ИВР РАН-СПб

13.※《满蒙单话》（manju monggo gargalame gisun）二卷

［清］佚名辑，多义词语对照辞书，词语选自《五体清文鉴》。钞本，线装 2 册。页面 30.5×25 厘米。满蒙汉合璧，自上至下依次为满文、汉文及相应蒙古文，半叶满、汉、蒙古文各 10 行。上册封面书 suwayan morin aniya jakūn biyai juwan emu "戊午年八月十一"，下册封面书 suwayan morin aniya jakūn biyai orin ilan "戊午年八月

二十三"。原属俄罗斯皇家科学院亚洲博物馆藏品。

manju monggo gargalame gisun《满蒙单话》 afanambi：去战，baildura odumui，扑了去，abulčamui; adabumbi：令围撒，jergeleɤülümüi，拟倍，dasilaɤulumui; adambi：围撒，jergelemüi，邻接，jergečemüi，缝接，jüimüi; afambi：战，baildumui，交付，tušiyamui; alibumbi：呈献，daɤalɤamui，呈，ergün barimui; arambi：写，bičimüi，造作，kimüi，张弓，anɤɤailɤamui，做作，jasadaɤlamui，盖房，barimui; acambi：会见，jolɤamui，宜，joqimui，合之美，joqiramui，宜令，joqičamui。

gakarashūn：生分，jüčigüü，离，jaitai; gakarambi：疏离，darbaimui，裂开，qoladamui; gahari：甲褂，degelei，布衫，urtu čamča; gakahūn：裂口开，anɤarɤai，张着口不能言，anɤaljan; harimbi：庇护，qalamui，烙之压之，qaɤarimui; hahi：急，türgen，忙，jaɤaramtaɤai; halanambi：去换班，qalara odumui，去亲近，qalamui，亲近，sidaradamui; hagambi：卡住，qaqamui，乳结，eremüi。

ИВР РАН-СПб

14.*※《虚字指南》(untuhun hergen i temgetu jorin) 不分卷

［清］佚名辑，满文文法教科书，节选自《重刻清文虚字指南编》(dasame foloho manju gisun i untuhun hergen i temgetu jorin bithe)，计80课。钞本，线装2册。页面19.8×15厘米。满汉合璧，半叶满、汉文各5行。《重刻清文虚字指南编》，［清］厚田万福著、［清］刘凤山（1856—1911）校，以歌诀形式讲授满语文虚词的语法教材，为《清文虚字指南编》(manju gisun i untuhun hergen i temgetu jorin bithe) 修订本。原书题名著录作"无题"(Tatjana A. Pang，2001：138—139)。

untuhun hergen i temgetu jorin harangga ba i hafan i oronde emgeri hafan be sonjofi sindaha jai erei tucike oron be hafan tucibufi daiselabuci ojoro ojorakū babe hesei toktobuki, ne bisire juwe jergi nonggiha geli gaifi dahalabure emu jergi nonggiha, uheri nonggiha ilan jergi be, ninggun mudan jergi obume halaha baicaci harangga hafan onggolo duici jergi gemun i tanggin i hafan de niyeceme sindara be aliyambihe sirame jurgan ci ilgame gisurefi ere hafan sindaha, cui dorolome hengkilefi šu ciyang.(《虚字指南》 该处员缺，已拣员补授矣，再所遗之缺，可否派员署里之处恭候钦定，现有加二级，又有随带加一级，共加三级，改为记录六次，查该员曾以四品京堂候补，续由部议叙，得授今职，垂拜稽首。)

ИВР РАН-СПб

　　俄罗斯满文小学类珍稀文献较为丰富，包含语法教材、工具辞书和会话读本等。清代俄罗斯来华人员的主要目的为传教和文化交流，而在此之前应熟练掌握清朝的官方语言文字——满语文。满语属阿尔泰语系满通古斯语族满语支，满文为依照蒙古文创制的拼音文字；俄语属于印欧语系斯拉夫语族东斯拉夫语支，俄文属于以希腊字母为基础创制的西里尔字母，亦属拼音文字。为熟练掌握满语文以为其政府服务，清代俄罗斯来华人员通过加注、辑录和翻译存世满文文献的方式汇编了大量满文小学类文献并携带回国。根据不同的学科需要，这批文献或书藏文、梵文、蒙古文，或书俄文、拉丁文，为中俄文化学术交流提供学习保障。

二 儒道类

　　儒家与道家是中国古代较有影响的学派，亦是中国的传统文化信仰。儒家类、道家类文献为《四库全书总目提要》和《续修四库全书总目提要》子部所设。俄罗斯满文儒道类文献共 51 种，其中珍稀文献 13 种。

　　1.《隆学校以端士习》（tacikūi yamun be yendebufi bithei ursei tacin be tob oburengge）不分卷

　　［清］佚名辑，致国子监有关教学的意见。咸丰七年（1857 年）写本，线装 1 册，计 11 叶。页面 20.3×12.5 厘米，满汉文，半叶 8 行。部分汉文左侧存满文标音，如 tsai "材"、heo "厚"、te "特"、hiyao "校"、en "恩"、sing "型"、u "务"、ling "令"、hiyao "孝"、ti "悌"、mo "末"、ši "识"、giyei "皆"、šeo "守"、jen "朕"、ji "济"、jeng "整" 和 gui "规" 等。末叶书满汉合璧 gubci elgiyengge i nadaci aniya omšon biyai orin sunja "咸丰七年十一月二十五日"。

　　tacikūi yamun be yendebufi bithei ursei tacin be tob oburengge julgei fonde boode oci urebukū, gašan de oci hūwašabukū, jeo de oci mutebukū, gurun de tacikū bihebi, yaya niyalma gemu ere tacibure dorgi de akūngge akū, tacihiyara yarhūdara babe cohotoi ilibufi, tacibukū hafan sindafi kadalaburengge, niyalma i erdemu be hūwašabume an i kooli be jiramirame, sure mentuhun kiyangkiyan eberingge be bireme emu songkoi okini serengge musei šengdzu gosin hūwangdi jalafun se i niyalma be hūwašabume, tacikūi yamun be yendebufi, yaya bithei urse be ujire kesi, bithei urse be tacihiyara doro be umesi akūmbuhangge, cohome bithei niyalma be duin hacin i irgen i uju sere turgun, niyalma bithei urse be tuwarangge ujen be dahame, bithei urse beyebe tuwarangge, ele wesihun oci ojorakū. (《隆学校以端士习》 古者，家有塾，党有庠，州有序，国有学，固无人不在所教之中。专其督率之地，董以师儒之官，所以成人才而厚风俗，合秀顽强懦，使之归于一致也。我圣祖仁皇帝寿考作人，特隆学校，凡所以养士之恩，教士之法，无不备至。盖以士为四民之首，人之所以待士者重，则士之所以自待者益不可轻。)

ИВР РАН-СПб

2.*《训书》(tacihiyan i bithe) 不分卷

［清］佚名辑，满语文教材。宣统二年（1910 年）写本，线装 1 册，计 34 叶。满汉合璧，页面 33.5×18.2 厘米，半叶满、汉文各 9 行。封面书 gehungge yoso juweci aniya nadan biyai orin inenggi tacihiyan i bithe "宣统二年七月二十一日训书"。另附《隆学校以端士习》。原属格列宾希科夫藏品。

tacihiyan i bithe《训书》 dobori，夜；latubuha afaha，粘单；fafun gamambi，正法；hiyoošun deocin be yendebufi，敦孝悌；uksun mukūn be jiramilafi，笃宗族；gašan falga hūwaliyambufi，和乡党；usin nimalan be ujelefi，重农桑；malhūn hibcan be wesihulefi，尚节俭；tacikūi yamun be yendebufi，隆学校；encu demun be nakabufi，废异端。

tacihiyan i bithe seibeni si hū yuwan fu i tacibukū hafan oho fonde, tacire urse ser seme šanggahabi, wen ung šu i babe dasara jakade, juse deote ambula wen, tuttu ofi, tacibukū hafan i oronde, bi cohotoi hafan i jurgan de afabufi, yooni tukiyesi silenggi sebe baitalabuhangge, cohome saisa be yendebume erdemu be hūwašabuki, irgen be wembume an i kooli šanggabuki sehengge, tuttu seme tacikūi yamun be yendeburengge, udu tacibukūi hafasi tuwancihiyara teksilere ciralara kadalara de kemun bisire haran bicibe inu bithei ursei gūnin de tebufi beye gebu be hairara de akdahabi. bithei ursei yabun unenggi tob oci šu fiyelen de tucibuci, untuhun baitakū leolen akū, kicen faššan de iletuleci, weihuken oilohon

yabun akū ombi, bigan de gebungge saisa i gebu be gūtuburakūngge
uthai gurun de sain amban oci ojoro be dahame holbobuhangge, ujen
akū semeo.(《训书》 昔胡瑗为教授，学者济济有成；文翁治蜀中，
子弟由是大化。故广文一官，朕特饬吏部悉以孝廉明经补用，凡以为
兴贤育才、化民成俗计也。然学校之隆，固在司教者有整齐严肃之
规，尤在为士者有爱惜身名之意。士品果端而后发为文章，非空虚之
论；见之施为，非浮薄之行。在野不愧名儒者，在国即为良臣。所系
顾不重哉。)

ИВР РАН-СПб

3.《百言警示篇》(tanggū gisun i jalan de ulhibure bithe) 不分卷
　　［清］王继耀、［清］陈基德、［清］姚学礼撰，名言警句集，内
容涉及为人处世等。写本，线装 3 册。页面 29.5×17.8 厘米。满、汉、
蒙古文，每文种各一册，半叶满、汉、蒙古文各 7 行。卷前存《百言
警示篇·序》。原属俄罗斯皇家科学院亚洲博物馆藏品。

tanggū gisun i jalan de ulhibure bithe　tanggū gisun i jalan de
ulhibure bithei beye araha šutucin, julgei niyalma i gisun, abkai fejergi
de daci baita akū, damu niyalmai beyebe hūsibuha sehebi, baita akū
sehengge, umai urunakū untuhun akū cib ekisaka, ere beyebe baitakū
bade ilinarangge waka, cohome ini cisui gamara be baitalame, baita
isinjiha de ijishūn i acabure be henduhengge kai, aika baita de acabure
jaka be tuwara de largin lampa burgišame kūbulime, šašanjame tucime
mohoci ojorakū oci, beyebe hūsibuhangge yala labdu ohobi, te abkai
fejergi i amba, niyalma duwali i geren de, urunakū hacihiyame baita akū
obuki seci. gisurere urse gisun fayambime, donjire urse cira jilerjembi,
erei jalin nenehe ursei halaci ojorakū gisun be gajifi, te i niyalmai
urunakū bisire be baiburakū baita be temgeteleme.

ǰayun üge-ber yirtenčü daqina uqayulqu bičig-ün öber-iyen bičigsen
orošil　erten-ü kümün-ü üge, delekei daqin-dur iǰayur-eče kereg ügei.
onča kümün öber-iyen buyuydabai kemeǰüküi, kereg ügei kemegsen
inü.tung erkebsi tasurqai ügei nei, sünüküi-ber ene beye-yi kereg ügei
bolyaysan anu boso čoqom öber-ön doqoyol-i dayan keregleǰü kereg

irekūi dür joqimǰi-ber neilegülkü-yi ügülegsen inü bolai. kerbe kereg tür neilegülkü bodul-i üjekūi-dür buduliyan balai-iyar üimelčen qubisɣan siqačan ɣarɣan daɣusi ügei-ber kürgebesü üneker öber-iyen buɣuɣdaɣsan anu yekele bolǰoqoi. edüge delekei daqin-u yeke kümün-ü nam-un olan-durer erke ügei küčimeglen kereg ügei bolɣa-ya kemebesü ügülegčidün üge olanta büged sonosoɣčid-iyer yisü qubilqui-dur kürümüi. eimüin tula uridani arad-un qalaǰu bolqu ügei ügen-i tügüǰü edügeki kümünü maɣad keregtü bosu kere-i qorilagsan anu.

《百言警示篇》《百言警示篇》序，古人有言，天下本无事，惟人自扰之，夫所谓无事者，非必虚无寂灭，置斯身于无用之地，盖言纯任自然，事来而顺应之耳，若夫应事接物，纷纭蕃变，错出而不可穷，则自扰良多已，今以天下之大，人类之繁，而必强之以无事，则言者辞费，而闻之者色沮丧矣，于是援前人所不可易之言，征今人不必有之事。

ИВР РАН-СПб

4.《悟真篇》（u jen piyan bithe）不分卷

［北宋］张伯端著，［清］佚名译，道家著作《悟真篇》的满文译本。写本，线装 6 册。页面 28×19 厘米。满文，半叶 7 行。

u jen piyan bithe　u jen piyan bithe i sioi, u jen piyan serengge unenggi be ulhihe fiyelen sere gisun i □□□. ai niyalma beyebe baharangge mangga geri fari gurinjerengge hūdun golmin foholon be bodorakū oci, suingga karulan ci guwerengge minggan erdeken i kimcime sibkirakū ofi damu banjime dubere be aliyaci, aikabade inenggi isinjifi, gūnin heni tašarabuci uthai □□□ .(《悟真篇》《悟真篇》序，嗟夫！人身难得，光阴易迁，罔测修短，安逃业报。不自及早省悟，惟只甘分待终，若临歧一念有差，立堕三涂恶趣，则动经尘劫，无有出期。)

ВФСПУБ-СПб

5.《安乐铭戒书》（elhe sebjen i folon targacun i bithe）不分卷

［清］佚名辑，格言合辑，内容涉及为人处世、安身立命等。咸丰八年（1858 年）钞本，线装 3 册，每册 1 本，分"头本""二本""三

本"。页面 43.5×22.6 厘米。满文，半叶 6 行。每册题名右侧书 hūturi jobolon de duka akū, niyalmai beye baire de bi, yaya ehe be ume yabure, ajige sain seme urunakū yabu "福祸无门，人身立命，勿行小恶，必行小善"。原属克罗特阔夫藏品。

elhe sebjen i folon targacun i bithe julgei niyalma emu bithe arame emu gisure ilibure be tuwaci, daci umai gisun be yangsangga ojoro be bodorakū, damu gisun be ulandukini, ulahangge goidakini seme bodome, dere dade jalin i tacihiyan de holbobuha, niyalmai mujilen be jafataci ojoro, an i kooli be tob obuci ojorongge be nimembihe, tereci enduringge nomun saisa ulabun de terei gisun gemu an i jergi ja ningge niyalmai baita de hanci, terei jugūn narhūn somishūn, sara micihiyan niyalma, yooni sume ulhime muterengge waka, tuttu elemangga micihiyan hanci gisun de isirakū, hehe niyalma ajige juse seme gemu hafume ulhime muteme, terei niyalma be acinggiyaburengge ele ja ombikai.(《安乐铭戒书》 观前人，著一书立一说，不计以往所有文采斐然之语，谨思相传语言以流传久远，交流学说以约束人心，板正风气罢了。圣人经书，贤者传记中学说常易近人事，语言隐晦，知识浅薄者，不能全然通晓，所以愈加不用浅薄近人之语。女子孩童皆能由传而习，教化人愈易。)

ИВР РАН-СПб

6.※《三十六条子》(gūsin ninggun meyen) 不分卷

[清] 佚名辑，对照辞书，并分别定义 "仁""礼" 和 "孝" 等中华传统道德思想。钞本，线装 1 册，计 94 叶。页面 26.7×19 厘米。满汉俄合璧，半叶满、汉、俄文各 3 行。封面题名《满汉合璧三十六条子》(manju nikan hergen i gūsin ninggun meyen)，外封套题名《上谕三十六条子》(dergi hesei gūsin ninggun meyen)，其中偶有汉字的俄文音读和注释。"三十六条" 分别为 gosin "仁"、jurgan "义"、dorolon "礼"、mergen "智"、hiyoošun "孝"、deocin "悌"、tondo "忠"、akdun "信"、unenggi "诚"、ginggun "敬"、hūwaliyasun "和"、tondo "公"、onco "宽"、cira "严"、baturu "勇"、kengse "果"、gocishūn "谦"、anahūjan "让"、marambi "辞"、alimbi "受"、gaimbi "取"、bumbi "与"、

kicebe "勤"、malhūn "俭"、aššan "动"、cibsen "静"、gisun "言"、faššan "为"、urgun "喜"、jili "怒"、jobocun "忧"、sebjen "乐"、genggiyen "明"、tob "正"、kirimbi "忍" 和 tuwakiyan "守"。

manju nikan hergen i gūsin ninggun meyen gosin, gosin serengge, abka han i ai jaka be banjibure mujilen, tumen sain i da, niyalma kemuni ere mujilen be bibufi ufaraburakū ome muteci, absi ocibe acanarakūngge akū ombi, aika ere mujilen be ufaraci, oshon kiriba de ojorakū oci, uthai keike duyen de ojoro be dahame, aššahadari ehe akūngge akū ombi, gosin i doro ujen babe, suwe sarkū oci ombio.(《满汉合璧三十六条子》 仁者，天帝生物之心，而为万善之长，人能常存此心而勿失，则无性不宜矣，若失此心，将不为残忍，即为刻薄，动罔不凶矣，仁道之重，汝曹可不知乎？）

ИВР РАН-СПб

7.※《连话》（nurhūre gisun）不分卷

［清］佚名辑，对照词语、释义及格言合辑。钞本，线装6册。页面30×19.5厘米。满、汉、蒙古文，分上、中、下3栏，上栏汉文，中栏满文，下栏蒙古文，部分蒙古文为满文拼写的蒙古语语音，半叶满、汉、蒙古文各9行。分为头本与下本，头本2册，下本4册，第4册封面书满文题名 manju monggo i gisun "满语蒙古语"，第6册封面书 oori i bithe "《精书》"。首册封面书汉文"《连话·头本》"（nurhūre gisun·ujui debtelin），第3册书汉文"《连话·下本》"（nurhūre gisun·fejergi debtelin）。原书题名著录作"《连话·头本》"（Tatjana A. Pang, 2001：138）。

nurhūre gisun《连话》 abka gehun gereke, 天大亮了, tenggeri geb gegerebe; sikse erde, 昨日早起, ečigedür erte; enenggi yamji, 今日晚上, enedür asqan; dobori de tulhušehe bihe, 夜里阴着来着, süni-dü bürküsen biliyü; hasutai bime geli murikū, 性左又执谬, borutai baiji basa murqu; dursuki akū juse be ainara, 不肖的孩子怎样好, dursu ügüi kuket-gei yaγaya; yokcin akū dade niyalmai muru akū, 没样见不像人, qonγqa ügei dere kümünai mur ügei; dule hutungge, 却

倒鬼头，üjese čiutqurtai.

ИВР РАН-СПб

8.《庸行编》（yung hing biyan i bithe）四卷

[清] 牟允中撰，[清] 佚名译，《庸行编》的满文译本，又题《庸行篇》（yung hing piyan i bithe）。钞本，线装 4 册。页面 24.8×16.5 厘米。满文，半叶 8 行。原书无题名，封套右上方书满文题名 yung hing biyan i bithe "庸行编"，另封套内上下均书俄文题注，中间左侧书满文题名。原书题名著录作《庸行篇》（Tatjana A. Pang, 2001：85）。

yung hing biyan i bithe yung hing biyan i bithe ujui debtelin. nenehe urse kemuni inenggidari omire jetere an i baitade enduringge niyalma be saci ombi seme henduhe gisun be niyalma akdarakū bihe, kimcime gūnici, uthai enduringge niyalma i ten de isinakini, ere inenggidari omire jetere ci aljame mutembio, damu an i erdemu be yabume, an i gisun be olhošome, urure kangkara gūtucun de mujilen gūtuburakū oci, enduringge niyalmai muten wajiha kai, muse unenggi ere inenggidari omire jetere sidende gūtucun akū ome muteci, uthai enduringge niyalma be alhūdaci ombikai, oihorilaci ombio.（《庸行编》《庸行编》卷一，先辈尝谓日月饮食之闲，可以证圣人，莫之信也。夫圣也，而能离此日用饮食乎哉？行庸德，谨庸言，不以饥渴之害为心害，圣人之能事毕矣。能于此日用饮食无惭，便可以俟百世圣人而不惑，岂可以其日用饮食也而忽诸。）

ИВР РАН-СПб

9.*※《汇篇》（isabuha fiyelen）不分卷

[清] 佚名辑，蒙学文章合辑。钞本，线装 1 册，计 43 叶。页面 21×20 厘米。满文，半叶 9 行。仅存第 41 章至第 52 章内容，共由 8 篇构成，首篇标题阙，其余标题依次为《雍顺第四十二篇》（hūwaliyasun ijishūn dehi juweci fiyelen）、《伦常第四十三篇》（ciktan be jiramilara dehi ilaci fiyelen）、《口德第四十四篇》（anggai erdemu dehi duici fiyelen）、《口德第四十五篇》（anggai erdemu dehi sunjaci fiyelen)、《口德第四十六篇》(anggai erdemu dehi ningguci fiyelen)、《德明第四十七篇》(dacun genggiyen dehi nadaci fiyelen)、《德明第四十八篇》(dacun genggiyen dehi jakūci fiyelen)、《守理第四十九篇》(genggiyen be dahara dehi uyuci fiyelen)、《尊德第五十篇》(endebuku be kimcire susaici fiyelen)、《尊德第五十一篇》(endebuku be kimcire susai emuci fiyelen)和《知止第五十二篇》(ilin be sara susai juweci fiyelen)。首叶及末叶书蒙古文注释。原属第十二届"俄罗斯东正教驻北京传教团"(Пекинская ДуховнаяМиссия–Российская Православная Миссия в Китае)大学生戈什克温(И. А. Гошкевин, 1814—1875)藏品。

isabuha fiyelen　ciktan be jiramilara dehi ilaci fiyelen, honin niyakūrafi simire, gaha karu be uleburengge, terei ama jui i kooli be sara be gemu saišahabi, □ □ onggoro juleri deyere, gencehen amala faidarangga, terei ahūn deo i jurgan bisire be inu buyehebi, takiya i fejile jing eršerengge, turi muke gama urgunjebuci ohobi, tanggū aniyai □ □ fiyelen i waliyara be aliyara ba akū, kaba sere gūnin be tebuhengge, wase tetun gama forici ohobi, nadan okson i ergecun ergebure be baitalara ba akū, endebuhe be dasara, waka be dalitarangge, hiyoošun jui jilangga omolo i saikan baita, ciktan be jiramilara, mukūn de hūwaliyasungge yargiyan i niyalma ambasa saisai mujilen i baitalan kai.(《汇篇》 伦常第四十三篇，羊跪乳，鸦反哺，知父子之理皆赞许。□□飞于前，刀锋列于后，亦濡慕兄弟之义。常侍膝下，怡以豆水，不悔百年完成□□篇，置并蒂心，掷陶器，不用七步休息。改错掩非，孝子慈孙之贤事，敦伦睦族，实为贤者用心也。)

ИВР РАН-СПб

10.*※《训篇》(tacihiyan i fiyelen) 不分卷

［清］佚名辑，劝学训书。钞本，线装 1 册。页面 26.7×14.2 厘米。满汉合璧，半叶满、汉文各 6 行。封面存"□□单"红色贴纸。每篇文章以"三角形"开头。

tacihiyan i fiyelen　ajige juse be, ajigan ci uthai tacibuci acambi, juse ujifi taciburakū oci, uthai waliyabure de isinambi, ere gisun niyalma tome gemu sambime, emumu urse, juse be taciburakū, yasa tuwahai waliyabure de isiburahangge, maka ai turgun ni, tere cohome tacibure doro be giyangnahakū ofi kai, emumu niyalmai gisun, encehen hūsun bisire niyalma, sain sefu solifi juse be tacibumbi, encehen hūsun akū urse, udu juse be tacibure gūnin bicibe, hūsun muterakū sembi, aika uttu gisureci, bayan ursei juse teni dekjimbi, yadara urse juse uthai bahafi dekjirakū ombi, tuttu waka, ere foihori niyalmai gisun kai, sure tuwa, bayan ursei juse eyefi niyalma ojorakūngge dembei labdu, yadara niyalmai juse hūwašafi gebu mutebuhengge komso akū, damu niyalma kimcirakū ofi tuttu ere doro be sarkū babi, bayan urse udu sefu solimfi juse be tacibucibe, juse be tookabuhangge toloho seme wajirakū, yadara niyalma udu sefu solire hūsun akū bicibe ini juse hūwašafi yala emken de emke, ere inu doro bi, giyan i getukeleme tucibufi acambi, juse be hūwašaburengge.(《训篇》 小孩子，自幼就当教训，养子不教训，就是废物，这话人人皆知。有等人，不教训其子，眼瞧着成了废物的，是何故呢？那是未讲教训之道也。有等人说，有力量者，请好先生，教训孩子，无力量者，虽有教子之心，力量不能，若如此说，富家之子才发生，寒士之子，就不得发生了。非也，此至俗之言也。请看，富家之子流落不成人者最多；寒家之子，出息了，成名的不少，人不详察，所以不晓此道，富者虽请师教子，废驰子孩子的不火，寒士虽无请师之力，他的孩子就出来，一个赛一个的好，这也有道理，请当讲明，成就小儿。)

ИВР РАН-СПб

11.《四十头安书》(dehi uju i teisu bithe) 不分卷

［清］佚名辑，劝学训书，主要讲述为人处世之道。钞本，线装 1 册，计 6 叶。页面 17.8×11 厘米。满文，半叶 8 行。首叶正中书满文题名。原属克罗特阔夫藏品。

dehi uju i teisu bithe teisu teisu sain jurgan be kicebure dehi uju, ujude hafasa oci dade nomhon nesuken i ofi tanggū hala be bolgoi dasan han beisede tondoi akūmbu; jaide irgese oci neneme alban šulehen be beyede ali meni meni fafun šajin be dahaci erun koro ci bahafi guwembi; ilacide amata oci juse be sain jurgan i tacibu wesici sain de ilinambi wasici boobe tuwakiyambi; duicide emete oci juse be sar seme gosin gosirengge da mujilen i oso amba ajige be ilerakū oci booi gubci ini cisui elhe taifin ombi.(《四十头安书》各守善义四十头。第一，为官者，以纯良事百姓，以忠诚侍王汗；第二，为民者，先以己身承钱粮赋贡，各遵法度以豁免刑罚；第三，为父者，教于以仁义立身行事，以贤能守家卫室；第四，为母者，仁慈友爱亲睦本心，成就全家平顺安康。)

ИВР РАН-СПб

12.*《训旨》(tacibure hesei bithe) 不分卷

［清］佚名辑，皇帝圣训合辑。钞本，线装 1 册，计 16 叶。页面 24×20.5 厘米。满文，半叶 5 行。破损严重，其中偶有汉文注释。首叶书□□□ oyonggo fempilehe "□□□要批"，书背书 "瑞喜年十八岁念温书□□□补贵显文者为具□□□" 等字。

tacibure hesei bithei šutucin bi［朕］gūnici, julgeci ebsi ejen oho niyalma abkai fejergi be dasara de geren irgen be gosime ujelecibe urunakū, tacihiyame targabume erdemu be hūwašabume tacin be sain de ilinara be oyonggo obuhabi. šengdzu gosin hūwangdi soorin de ninju aniya funceme tefi šumin gosin jiramin kesi gubci bade selgiyebuhe bime manju i fe doro be tuwakiyame manjusa be tacihiyara targabure be kemuni gūnin de tebufi geren jiyanggiyūn meiren i janggin tušan generede urunakū hūlame dosimbufi coohai urse be hūwašabume tacibure doro be dahūn dahūn i neileme akūmbume tacibuhangge, bi amba doro siraha ci absi baita tome, šengdzu hūwangdi i gūnin ba gūnin obume, šengdzu hūwangdi i dasan be dasan obume.(《训旨·序》朕思，自古以来皇帝治理天下人，必定看重仁抚众民，以育德教树嘉习为重。圣祖仁皇帝在位六十载有余，仁厚恩深召令全国，遵满洲旧道，常诚训满洲留心，必能召任副都统将军职，养育兵丁，再三竭力启发明理，朕缵承大统。事事以圣祖之心为心，以圣祖之政为政。)

ИВР РАН-СПб

13.《渊海子平》（yuwan hai dzi ping ni bithe）一卷

[宋]徐子平著，[清]佚名译，道家著作《渊海子平》的满文译本。钞本，线装 1 册，计 320 叶。页面 28×18 厘米，版框 20.5×15 厘米。满文。原书封面右上方书满文题名 yuwan hai dzi ping i bithe"渊海子平"，正文每叶分上下两栏，上栏页面 12.7×18.2 厘米，半叶 16 行；下栏页面 13.1×16.2 厘米，半叶 8 行，其中部分叶存有插图。扉页书汉文"李龚绪"，原书题名著录作《渊海杂品》（yuwan hai dza pin i bithe）并归入医学著作（М. П. Волкова，1965：107）。

yuwan hai dzi ping ni bithe　yuwan hai dzi ping ni bithe ni in, yuwan hai dzi ping ni giyan, tang gurun i daifu, li gung hioi jung ci deribuhebi, niyalma i banjiha aniya, biya, inenggi erin be jafafi banjibure, kokirara, mukdere, wehiyere jirgara joboro, dahabure kūbulire de, niyalmai hūturi jobolon be lashalame, terei acanarangge ferguwecuke, li gung akū oho manggi, cang li han gung, eifu de bei bithe arafi ejehebi, amala lioi daifu tsai geli ilgame toktobure jakade. tereci jai badarambuha fisembuhangge akū bihe, sung gurun i sioi gung šeng de isinjiha manggi, dasame niyalmai banjiha inenggi be ninggun hacin obume faksalafi gisurehe leolehengge narhūn somishūn, yuwan hai bithebe arafi, geren bithei saisa i jurgan be acabufi, ulame selgiyebume ere erinde isitala yooni gemu songkolohobi, amaga geren saisa geli yuwan iowan i jurgan giyan be acabume afaha fiyelen adali oho, tetele ududu tanggū aniya ojoro jakade.(《渊海子平》《渊海子平引》，子平渊海之理，始自唐大夫李公虚中，以人生年月日时，生克旺相，休囚制化，决人生之祸福，其验神矣。及公薨，昌黎韩公为之作墓志，以记之后。经吕大夫才又裁定之，并无述作之者。至于有宋徐公升复以人生日主分作六事，议论精微，作渊海之书，集诸儒之义传布，至今悉皆宗之。后之诸君，文集渊源理义，篇章雷同，迄今数百年矣。)

ИВР РАН-СПб

中国古代社会多注重个人自身修养，且与周围的人共建和谐的社会关系，为君者仁政爱民，为官者勤政廉洁。儒家主张礼治，强调传统的伦常关系；道家主张辩证法和无神论，倾向自然和清静无为。以儒道思想为中心编撰的文献是中华优秀传统文化的重要组成部分。清代俄罗斯来华人员深受儒道文化吸引，在华期间抄录、编译了大量文献，这批文献多因为存世文献的辑录节选而较为珍稀，极大地促进了中华优秀传统文化的海外传播与中俄文化的交流。

三　医家类

　　医家类文献指医学理论著作，为《四库全书总目提要》和《续修四库全书总目提要》子部所设。俄罗斯满文医家类文献共 35 种，其中珍稀文献 16 种，其或为外籍来华人员创作翻译或为中国古代医者翻译辑录。

　　1.《保产达生篇》(boo can da šeng bithe) 三卷
　　［清］亟斋居士撰，［清］佚名译，医学著作《保产达生篇》的满文译本，又题《保产机要达生篇》(※boo can narhūn oyonggo i da šeng bithe)、《生产合纂》(※jui banjire isame banjibume arahangge)，所据底本为光绪九年（1883 年）爱莲书屋刻本。刻本，线装 3 册。页面 24.5×15.5 厘米，版框 18×14.5 厘米。单黑鱼尾，四周双边。满文，半叶 8 行。版心有汉文页码。封面右上方有满汉文题名。

　　boo can da šeng bithe　abka na i amba erdemu be banjibumbi, banjibure erdemu akūnarakū ba akū bicibe, niyalma be banjibure ci amba ningge akū, tuttu banjimbi seme gebulehebi, banjibumbi serengge, abka na i ini cisui banjinara giyan, uthai yasai tuwara šan i donjire galai jafara bethei oksoro adali umesi ya, umesi an i baita. hacihiyara be baiburakūngge kai, tuttu seme te i jalan de kemuni jui nikere de mangga seme gisurengge bi. tere eici niyalmai hūsun de abkai giyan be efulehe dabala, abka ainahai banjibure doro i niyalma be wakini. bi gūnici, umesi susultungga serengge niyalma inu jaka waka. uttu bime yaya banjire de mangga sehe be □□□ . te bici orho moo erin be dahame fulhurembi, coko niyehe i umgan inenggi de isinaha manggi ini cisui huwengkiyembi, fudarangge akū bade niyalmai teile uttu ojorakū mujanggao, emu haha jui bilha de haga tafi, hacingga argai dasabucibe tucibume muterakū ofi, booi gubci gemu goloho, emu sakda hehe tuwafi hendume, ume gelere, ekisaka dedubu, muke omibu, uyan buda ulebu uttu ohoi ilaci inenggi da ini cisui tucikebi, erebe tuwaha de, jui banjire doro be saci ombio.(《保产达生篇》 天下之大德曰生，生之德无往不在，要之莫大在于生人。夫胎产固生人之始也，是以名之曰生，生也者，天地自然之理，如目视而耳听，手持而足行，至平至易不待勉强而无难者也。然今之世往往以难产闻者。得毋以人事之失而损其天耶？夫天岂以生道杀人哉，必不然矣。因思人为至灵，何负于物，物之生也，莫或难之。故草木之甲以时，鸡鸭之出以日，岂复有导之者哉，自然而然，不待勉强，于人何独不然。有童子骨鲠于喉，百方不出，举室彷徨，一妪视之曰无异也，令静卧饲以浆糜，三日自出，而无所苦，可以知其理矣。)

ИВР РАН-СПб

2.*《痘科类编释议》(olhoro baita i jergi hacin gūnin be sume banjibuha bithe) 四卷

［明］翟良辑，［清］佚名译，中医儿科著作合辑，又题《类编》(lei biyan)，其中《痘科类编释议》三卷，《温科类编》(※wenjere hacin i lei biyan) 一卷。刻本，线装4册。页面24×17厘米，版框19.9×14.5厘米。白口单黑鱼尾，四周双边。满文，半叶7行。版心有满文题名、卷数和页码。每册封面与末叶均钤深蓝色俄文Восточный отдел. Фундамент. Сибл. Л. Г. У. "列宁格勒国立大学西伯利亚基础东方部"三角形章。

olhoro baita i jergi hacin gūnin be sume banjibuha bithe lei biyan dulimbai, wenjeme deriburengge uju, beyere wenjerengge jai, šahūrafi fudasihūn ilaci, uju halhūn bethe šahūrun duici, angga femen juwan ningguci, angga ilenggu juwan nadaci, bilga juwan jakūci, fucihiya-rangge juwan uyuci, tan orici, jilgan gūwaliyakangge orin emuci, balai gisurengge orin juweci.(《痘科类编释议》 类编卷中，发热一，体热二，逆寒三，头热脚凉四，口唇十六，口舌十七，咽喉十八，咳嗽

十九，痰涎二十，失音二十一，谵妄二十二。）

ВФСПУБ-СПб

3.《治心要类书》(mujilen be dasara oyonggo hacin i bithe) 一卷

［清］佚名译，光绪三年（1877年）钞本，线装1册，计49叶。页面25×12厘米。满蒙合璧，半叶满文、蒙古文各3行。

mujilen be dasara oyonggo hacin i bithe   eiten hacin i uheri ebderebuku nimeku, sunja hacin i joboho[①], nadan hacin i kokirabuha be gemu dasambi, ere okto bosho[②] i muke be ujimbi, niyaman i tuwa be wasimbumbi, delihun, boihon de niyecembi, oori be unggimbi, umgan be niyecembi, sukdun de tusa arambi, senggi be hūwaliyambumbi, sube giranggi be etuhun obumbi, sukū yali be nilgiyan obumbi, šan be getuken, yasa be genggiyen obumbi, niyaman be neimbi, gūnin be toktobumbi, in yang be etuhun obumbi, ere okto i banin bulukan halhūn akū.(《治心要书》 治诸种病害，五劳七伤，此药养肾水，降心火，补脾脏，增精气，和气血，强筋骨，滑肌肤，利耳明目，宽心，定神，壮阴阳，此药性温不热。）

ВФСПУБ-СПб   РНБ-СПб

4.《翻译针灸书》(sabsire suihe sindara) 二卷

［清］佚名译，有关传统中医针灸疗法的介绍。钞本，线装2册。页面38×22厘米。满文，半叶12行。封面书汉文题名和册数。首册含目录，全书部分内容含人体穴位图。

sabsire suihe sindara   surume nimere oci tanggū be gaifi, da □□□ ci julesi huhun i tumiha de isibume dulin bukdafi lashalaha manggi, geli ere tanggū be forgošofi, olhon □ □ □ ci amasi kemneme da □ □ □ ci fusihūn tuhebufi bakcin niyaman i teisu tanggū i mohoho bade nadan suiha sindambi.(《翻译针灸书》 平息病得百，原□□□针向前，至乳首处半折后，向下倒□□□，对面心□□□相对处百的尽头放艾蒿七。）

---

① 原文讹作 jobohū。
② 原文 bosho 讹作 boshū。

ВФСПУБ-СПб

5.《针灸奇技》（sabsire suiha sindara ferguwecuke arga）不分卷

［清］佚名译，有关传统中医针灸疗法的介绍。钞本，线装 1 册，52 叶。页面 47×27 厘米。满文，半叶 11 行。全书分 3 部分，疾病与穴位，穴位插图及注释，对症下药。其中"疾病与穴位"部分对 weihe nimere hacin "牙痛类"、fucihiyara hejere hacin "咳嗽与呼吸困难类"、bethe gala nimere hacin "手足疼痛类"、taran waliyara hacin "多汗类"、šahūrun derbehun de nimere hacin "（手脚）冰凉类" 5 种常见病症的成因进行解释，并配以治疗方案及穴位插图。原属卡缅斯基藏品。

sabsire suiha sindara ferguwecuke arga hejere nimeku oci, šan jung ni bade nadan suiha sindambi, žu jung, žu gen i juwe bade sunja suiha sindambi, žu gen i fejergi emu ts'un i ninggun fun i ioi fu sere juwe bade nadan suiha sindambi, monggon ci fusihūn duin ts'un i babe siowan ki siowei sembi.（《针灸奇技》 喘病，膻中放七艾，乳中、乳根两处放五艾，乳根下一寸六分俞府等两处放七艾，颈下四寸曰璇玑穴。）

ИВР РАН-СПб

6.《医药集览·脉赋》（dasara oyonggo be isabuha bithe · sudala i fu）一卷

［清］佚名译，综合性医学著作的满文译本。钞本，线装 1 册。页面 28×18 厘米。满文，半叶 7 行。收录清佚名撰《用药歌诀》（okto baitalara arga）、晋王叔和撰《脉诀》（※sudala i giowei）、金张元素撰《珍珠囊》（jen ju nang i bithe）、元吴恕撰《伤寒活人指掌》（※harkasi ho žin jy jang bithe）、周秦越人撰《难经》（※mangga i ging）、明佚名撰《诸病论》（※eiten nimekui leolen）和清林阆阶撰《药性赋》（okto i banin i fu）等 7 种医学著作。

dasara oyonggo be isabuha bithe · sudala i fu giyei gu loo žin araha durun de dosinara ucun be leolehengge, wang šu ho i sudala i giowei, sudala be jafara durun de dosinara ucun, niyaman dzang ni ucun, fahūn dzang ni ucun, boshū dzang ni ucun, ufuhu dzang ni ucun, delihun dzang ni ucun, hashū ici ergi galai sudala tuwara ucun, hashū ici ergi galai ts'un keo niyaman i sudala ucun, dulimbai šumhun i gidara hashū ergi galai fahūn i sudala i ucun, hashū ergi jy i jurgan i boshū i sudala i ucun, ici ergi galai jy i jurgan, erin i duka i sudala i ucun, nadan tuku sudala i leolen, jakūn doko sudala i leolen, uyun jugūn i sudala i leolen, eiten nimeku i banjire bucere forgon i ucun, doksin nimeku i ucun, duin erin i nimeku sudala feten ishunde etere sudala i ucun, duin erin i kumdu jalu sudala i ucun, harkasi nimeku i leolen i ucun, yang ni ehe horon i ucun, cira be kimcime nimeku be tuwara bucere banjire ucun.(《医药集览·脉赋》 洁古老人论入式歌，王叔和脉诀，诊脉入式歌，心脏歌，肝脏歌，肾脏歌，肺脏歌，脾脏歌，左右手诊脉歌，左右手寸口心部脉歌，中指肝部脉歌，左手尺中肾部脉诀歌，右手尺中命门脉诀，论七表脉，论八里脉，论九道脉，诊杂病生死候歌，诊暴病歌，诊四时病五行相克脉诀，诊四时虚实脉歌，论伤寒歌，阳毒歌，察色观病生死候歌。)

ИВР РАН-СПб

7.《药书·脉论》(oktosi i bithe · sudalai leolen) 不分卷

［宋］刘开著，［清］佚名译，医学著作《脉诀元微》(※ mei giowe yuwan wei i bithe) 的满文选译本。钞本，线装 1 册，计 75 叶。页面 29 × 18 厘米。满文，半叶 7 行。封面书满文题名 sudalai leolen "脉论"。

oktosi i bithe · sudalai leolen　fahūn dzang ni ucun, niyaman dzang ni ucun, delihun dzang ni ucun, ufuhu dzang ni ucun, bosho dzang ni ucun, hehe niyalma fejile bisire ucun, fejergi bisire hehesi eiten nimeku de bucere banjire ucun, jui banjire de manggašame bucere banjire ucun, fejile bisire hehe harkasi nikere ucun, buya juse bucere banjire nimeku i ucun, buya juse i nimeku i tulergi tofohon i ucun, fu jen lio san diyan gang ni sudala giowei, nadan tuku jakūn doko be uheri duin sudala obuha leolen, uheri leolen ucun, nadan tuku jakūn doko sudala be uheri leolehe ucun, nadan tuku sudala i arbun i šošohūn i ucun, jakūn doko i sudala i arbun be leolehe ucun, bucere sudala i arbun be toktobuha

27

ucun, nadan tuku jakūn doko i ucun, uyun jugūn i sudala i ucun.（《药书·脉论》肝脏歌，心脏歌，脾脏歌，肺脏歌，肾脏歌，诊妇人有妊歌，妊娠杂病生死歌，产难生死歌，怀妊伤寒歌，小儿生死候歌，小儿外症一十五候歌，复真刘三点先生脉诀，论七表八里总为四脉，总论歌，总论七表八里候歌，定死脉形候歌，七表八里歌，九道脉歌。）

ИВР РАН-СПб

8.《热症诊治·伤寒活人指掌》（harkasi be dasara · ho žin jy jang bithe）一卷

［清］佚名辑，［清］佚名译，医学著作《热症诊治》（※harkasi be dasara bithe）与《伤寒活人指掌》（※ho žin jy jang bithe）的满文译本。钞本，线装 1 册，计 72 叶。页面 28×18.5 厘米。满文，半叶 7 行。封面阙。

harkasi be dasara · ho žin jy jang bithe ho žin jy jang fu, harkasi nimeku halanjame kūbulimbi, nenehe sefu i narhūšame kimcifi tuwabu-ha gūnin de akdafi, amaga tacire urse i tuwara dasara sain leolen be mutebuhe. tai yang de oci, uju nimeme beye wenjeme dara bokirshūn ombi, yang ming de oci, yasa nimeme oforo katame, amu isinjirakū, šoo yang oci, šan dutu ome, ebci nimeme beye wenjeme oksimbi ang-ga gosihon, tai in de oci, hefeli jalume hefeliyembi, c'y ts'un i sudala irushūn oci, silenggi bilga de isinarakū, šoo in de oci, ilenggu olhom-bime, angga katambi. giowei in de oci, dolo cehun ališambime, tuhen i fulhū ikūmbi, emu juwe inenggi oci, tucibume samsibuci ombi.（《热症诊治·伤寒活人指掌》 活人指掌赋，热症交替变化，先师苦心研探，能论诊治佳法，供众后学研习。病在太阳，头痛、身热、腰背不直；病在阳明，眼干鼻塞、瞌睡；病在少阳，耳聋、肋痛、发热、作呕、口苦；病在太阴，腹满、下利、尺寸脉搏深潜，津液不至；病在少阴，舌干、口干；病在厥阴，胸肚胀闷、囊缩，一二日发散。）

ИВР РАН-СПб

9.※《食疗法》（jeku oktoloro arga）不分卷

［清］佚名译，医学著作《食疗法》的满文译本。钞本，线装

1 册，计 84 叶。页面 25×16 厘米。满文，半叶 6 行。正文内容仅标题书汉文译文，如 gecen muke "冬霜水"、jorgon biya nimanggi muke "腊雪（水）"、juwari i muke "夏冰"、hūcin i muke "井泉水"、bira eyere muke "流水"、huwesi lekere muke "磨刀水"、fisihe jeku "黍米" 等。封面阙，残损严重。原属布罗塞藏品。

jeku oktoloro arga jai fuifufi omici tusa bi, ekehun ningge omici ojorakū, ere muke be etuku obore de baitalaci ojorakū baitalaci oboho etuku manambi. silenggi, silenggi muke fuifufi omici, goidame omici jalgan gūlime lali obumbi, yali be dulimbai erinde silenggi be gaifi behe, juwe ergi šulu de ijuci uju nimere be nakabumbi, mailasun i abdaha de laduha silehenggi be gaifi yasa de ijuci niyaman selambi, yasa bolgo ombi.（《食疗法》 熬两次，饮有益，病痛之时饮不得，此水洗衣使不得，用此洗衣衣裳破。露水煎煮露水送服，久服健硕寿长。取肉中露水，涂于两边鬓角处防病。拉扯修剪柏树，取滴露涂眼，心明眼净。）

ИВР РАН-СПб

10.《天花探源》(sogiya serkin be mohobume leolehengge) 不分卷

［清］佚名译，医学著作《天花探源》的满文译本，详细介绍预防治疗天花的药物。钞本，线装 1 册，计 69 叶。页面 30×26 厘米。满文，半叶 10 行。部分正文内容标题书汉文译文，如 dai hūwang be leolehengge "论大黄"、gin g'ai san "金盖散" 等。封面阙，残损严重。原属布罗塞藏品。

sogiya serkin be mohobume leolehengge tulergi edun šahūrun goihangge, sukū yali serengge sogiya tucire jugūn. aika nimeku goici. funiyehei sen yaksimbi. senggi sukdun acarakū. ede sogiya tucire jugūn dalibufi. šuwe hafume muterakū. aikabade edun šahūrun goici..., kiyang ho, geo teng, bo ho, dang šeng, dang goi, hūwang ki, bai jy, gan ts'oo, nio ki, bei mu, šan ja, hūng hūwa, dzoo giyo ts'y, gin in hūwa, hū too žeo emke, nimeku de acabume, okto be labdu komso toktobufi baitalan fuifufi omi.（《天花探源》 外感风寒，皮肉者痘出之源，任何病痛皆为毛孔不通血气不和所致，故痘出之路堵塞，若不通则感风寒……，

羌活，钩藤，薄荷，党参，当归，黄芪，白芷，甘草，牛膝，贝母，山楂，红花，皂角刺，金银花，胡桃肉一个，服药调病以见功效。）

ИВР РАН-СПб

11.《伯乐相马图》（be lo i morin be singsileme[①] tuwara bithe）一卷

［清］佚名辑，兽医著作《马经》（※morin i nomun）的满文节选译本，线装 1 册，计 20 叶。页面 28.5×19 厘米。满文，半叶 12 行。残损严重，封面右侧书满文题名、中间书俄文题名，叶左侧书满文页码自 uju afaha "第一页" 至 orici afaha "第二十页"，部分叶书有汉文注释。每小节书满文标题，如 sain morin be singsileme tuwarangge "观选好马"、jadagan alašan morin be tuwarangge "观识驽马" 和 sain morin be singsileme tuwara uheri leolen "相马总论" 等。原属布罗塞藏品。

be lo i morin be singsileme tuwara bithe ujui golmin, yasai faitan i giranggi den, yasa lakiyaha honggon i gese bime gehun eldengge ojoro, yasai fejergi humsun acabume banjire oforo i sangga amba ojoro oforo dele wang hū sere hergen bisire angga i dorgi fulahūn tobgiya i giranggi muhaliyan bime fartahūn, šan hanci bime cukcuhun.（《伯乐相马图》头长，眉骨高，眼如悬铃，精明锃亮，眼下眼睑连鼻，鼻孔大，鼻上有王侯等字，口内水红，髋骨有铅叉口大，前向竹批耳，耳直竖。）

ИВР РАН-СПб

12.《小儿科正宗》（nimeku dasara bithe）不分卷

［清］佚名译，医学著作《小儿科正宗》的满文译本，并附小儿各种病症中药调制及用法用量。钞本，线装 6 册。页面 22×15 厘米。满文，半叶 7 行。每册封面右上角书满汉文册数，首册封面正面右上书满汉文题名与册数 nimeku dasara bithe·uju "《小儿科正宗·第一（册）》"，背面书汉文 "此书系小儿科正宗"。

nimeku dasara bithe žin šen be hū tang, žin šen emu jiha, jy mu

———

① 原书 singsileme 均讹作 singsilambi。

ilan jiha, gʻan tsʻoo emu jiha, ši go sunja jiha, no mi emu oholiyo, muke juwe hūntahan sindafi, bele be urebume feifufi bulukan i erin be tuwarakū omibu, ere dorgi halhūn ofi, kangkara be dasara arga, ši go guwejihei halhūn be sumbi.（《小儿科正宗》　人参白虎汤，人参一钱，知母三钱，甘草一钱，石膏五钱，糯米一合，水两盅，米煎熟温服，石膏可清胃热，主治身热而渴。）

ВФСПУБ-СПб

13.《用药歌诀》（okto baitalara arga）三卷

［清］佚名译，中医著作《用药歌诀》的满文译本，包含 246 种药方，分气、寒、暑、湿、痢、霍乱、脾胃和喘急等 34 门。钞本，线装 3 册。页面 28×18.5 厘米。满文，半叶 7 行。第 1 册封面书满文题名 okto baitalara arga "用药歌诀"，右下角书满文 kumun "乐"；第 2 册封面书满文题名 okto baitalara arga·edun i hacin "用药歌诀·风门"；第 3 册封面书满文题名 okto baitalara arga·nimeku be dasara bithe "用药歌诀·医病书"与汉文题名《论谈诸病药书》，右下角书满文 dehi nadaci "第四十七"。原属布罗塞藏品。

okto baitalara arga　u yo šūn ki san, eiten edulehe nimeku be dasambi, haha hehe ocibe daifurara giyan emu adali, beye i gubci menereme fumbi. gisun fuliburakū ojoro, hontoho beye menen, aššaci ojorakū, giranggi singgiyame nimere oci, ma hūwang, be jy, cen pi, giyei geng, u yo, giyang tsʻan, jy kiyo, cuwan hiong be baitalafi, gʻan tsʻoo gʻan giyang be aisilan, takūran obu, geli giyang soro nonggiha de ferguwecuke gung bi.（《用药歌诀》　乌药顺气散，功能主治一切风病，治男子、妇人一切风气，遍身顽麻，语言蹇涩，全身瘫痪，筋脉拘挛。主用麻黄、白芷、陈皮、桔梗、乌药、僵蚕、枳壳、川芎，辅以甘草、干姜，中气撅逆，又加姜枣可获奇效。）

ИВР РАН-СПб

14.《诸病论》（eiten nimekui leolen）二卷

［明］佚名撰，［清］佚名译，中医著作《诸病论》的满文译本，内容涉及中风、霍乱、健忘、脚气和失血等五十余种病症，同时参考

《黄帝内经》(※hūwang di ejen i dorgi nomun）对各病症的病因、病变及病机等问题做简要论述。钞本，线装2册。页面28×19厘米。满文，半叶7行。原属布罗塞藏品。

eiten nimekui leolen edulehengge, šahūrun de goihangge, halhūn de goihangge, derbehun de goihangge, sunja hacin i menen nimeku, be hū li jiye feng, eiten hacin i šuwa nimeku, ilganara liyeliyešerengge, ho luwan nimeku, eyeršere fudarengge, sunja cilire giyarabure nimeku, niyaman nimerengge, tuksire nimeku, golohonjorongge, onggosungge, kumdulefi fathašarangge, dalhūn cifenggu, toktoho šahūrun, iktaka halhūn, bethe i sukdun, kumdulehe kokirahangge, sula joboho, ninggun mohoho nimeku, dara nimerengge, in aibiha nimeku, loo jai nimeku, ini cisui nei tucirengge, singgiyame kangkarangge, sunja hacin i den nimeku, senggi kokirahangge, muke i aibihangge, ilhi hefeliyenerengge, indehen i nimeku, fuyakiyara nimeku, fodorongge, kengsire fucihiyarangge, šanggiyan eyerengge, sike sabararangge, uju nimerengge, hehe niyalma i nimeku, senggi sukdun, suwaliyaganjame fasirengge , senggi dalgan, senggi alin efujere sabdarangge, hehesi sargan juse gocimburengge, juse bairengge, angga sosorongge, angga be leolehengge, femen be leolehengge, ilenggu be leolehengge, bilga monggon, yasa.（《诸病论》 中风，中寒，中暑，中湿，五痹，白虎历节风，诸疝，眩晕，霍乱，呕吐，五噎五膈，心痛，怔忡，惊悸，健忘，虚烦，痰饮，癇冷积热，脚气，虚损，五劳，六极，阴癫，痨瘵，自汗，消渴，五疸，失血，水肿，滞下，疟，咳逆，喘，咳嗽，白浊，淋，头痛，妇人，血气，带下，血瘕，崩漏，妇室抽搦，求子，恶阻，口论，唇论，舌论，咽喉，眼目。）

ИВР РАН-СПб

15.《痘症诊治通解》（olhoro baitai dasara hacin be hafumbure bithe）三卷

［清］佚名译，天花医治著作合辑。钞本，线装，存卷上，卷中部分内容与卷下阙。页面28×19厘米。满文，半叶8行。版心有满文题

名、卷数和页码。首册封面右上书满文题名 olhoro baitai dasara hacin be hafumbure bithe·dergi debtelin "痘症诊治通解·卷上"，中间书汉文 "痘诊药书□·一千四百七十四号"，扉页书相同满文题名；第二册右上书满文题名与卷数 olhoro baitai dasara hacin be hafumbure bithe·dulimbai debtelin "痘症诊治通解·卷中"，中间书汉文题名 "《痘诊药书》" 与满文 jai debtelin "第二册"。每册首叶分别书满文 olhoro baitai dasara hacin be hafumbure bithe i sioi "痘症诊治通解·序" 和 olhoro baitai dasara okto i bithe·dulimbai debtelin·mu lu "痘诊药书·卷中·目录"。

olhoro baitai dasara hacin be hafumbure bithe·dulimbai debtelin·mu lu　mu lu, olhoro baita be dasara šošohon i araha, wenjeme deribufi ilaci inenggi nimeku be dasarangge, karun sabufi ilaci inenggi nimeku be dasarangge, dekdefi ilaci inenggi nimeku be dasarangge, ayalame abifi ilaci inenggi nimeku be dasarangge, bargiyame bederefi ilaci inenggi nimeku be dasarangge.（《痘症诊治通解·卷中·目录》《目录》，痘症诊治总序，发热第三日诊病，见苗第三日诊病，出痘第三日诊病，灌浆第三日诊病，落痂第三日诊病。）

ИВР РАН-СПб

16.《重刻引痘新法》(dasame foloho mama yarure ice arga) 不分卷

［清］邱熺撰，［清］佚名译，天花类著作《重刻引痘新法》的满文译本。钞本，线装 1 册，计 14 叶。页面 25×18 厘米。满汉合璧，半叶满、汉文各 6 行。卷首存道光二十六年（1846 年）善化鲍相璈于粤西官廨撰序言。原属克罗特阔夫藏品。

dasame foloho mama yarure ice arga　dasame foloho mama yarure ice arga i šutucin, mama tarire emu arga, umesi šengge ferguwecuke, oforo de tarirengge sung gurun i forgon be alhūdahabi dabsi de tarirengge namu ci taribuhebi. juwe hacin yooni ulha bicibe dabsi de tarirengge ele sain bihebi. saicungga fengšen i aniya de, julergi mederi ci kiyeo halai agu gebu si sere niyalma teni ere arga be ulafi, cendehe dari gemu serebuhebime tanggū de emke seme ufarahangge.

《重刻引痘新法》《重刻引痘新法》序，种痘一法，最为神妙，鼻种昉于宋，臂种创于洋，二者俱传，而臂种尤善。自嘉庆间，南海邱君名熺者，始传此法，屡试屡效，百不失一。

ИВР РАН-СПб

俄罗斯满文医家类文献在数量和种类上最为丰富，其中多未藏于其他国家，亦鲜有其他版本传世，它们或为中国古代医学或西医理论著作的满文译本，或为医学著作的合辑。早期满族存有萨满信仰，其传统医学亦与萨满信仰"跳神"不无关系。入关后受汉文化的影响，满族逐渐接受中医，因此以满文编译了大量医家类文献。中医与西医在对人体生理、病理及疾病诊断治疗和预防等方面存有诸多不同。明末清初的中西学术文化交流使中医逐渐开始接受西医理论，也使中医理论走向国际。西医理论著作多通过满文译为汉文，中国古代医学著作亦通过满文译为西文。译自西文的满文医家类文献封面与题识均存有原著作者、满文译者以及校对者等信息；而译自汉文的满文医家类文献和医学著作合辑多缺少满文译者等信息。

四　释家类

佛教起自印度，始于释迦牟尼，其佛姓释迦氏，略称释氏，奉其教者称释教，其生活受佛教信仰主导（张舜徽，2005：121）。"释家类"收录佛教相关文献，其分类设于《四库全书总目提要》而未设于《续修四库全书总目提要》。《续修四库全书总目提要》子部设宗教类，含释家类、道家类与基督教类文献。满文子部与宗教相关的文献除萨满信仰与佛教类外，另存部分基督教类、道家类和伊斯兰教类文献。因佛教教文献所占比重较大，在分类时单设"释家类"。俄罗斯满文释家类文献共 80 种，其中珍稀文献 25 种。

1.《乾隆御制重刻心经全本序》（han i araha dasame foloho niyaman i nomun i šutucin）不分卷

［清］永瑢等奉敕译，佛教著作《心经》（niyaman i nomun）重刻本的满文译本。乾隆五十五年（1790 年）内府刻本，梵夹装 1 函，计 3 叶。页面 26×10.2 厘米，版框 21.1×6.5 厘米。四周双边。满文，每叶 15 行。首叶正面为封面，题满文 abkai wehiyehe i, han i araha dasame foloho niyaman i nomun i šutucin, han i ubaliyambuhangge "乾隆，御制重刻心经，御译"，背面版缘左题满文 han i araha dasame foloho niyaman i nomun i šutucin, dergi uju, 右题对应汉文"御制重刻心经全本序，上一"。自第 2 叶起正面版缘左题满文题名与页码，栏右题对应汉文。封面叶与末叶均钤深蓝色俄文 Восточный отдел. Фундамент. Библ. Л. Г. У. "列宁格勒国立大学东方部图书馆"三角形章。

han i araha dasame foloho niyaman i nomun i šutucin   seibeni mini han mafa šengdzu gosin hūwangdi wargi dzang ci baha fe bithe niyaman i nomun uheri sunja tanggū susai sunja hergen jalan de ulaha tang gurun i hūwašan yuwan juwang ni ubaliyambuhangge ci hergen gisun labdu komso majige adali akū bime julergi amargi muru be tuwaci, yala ere yongkiyame akūnahabi, tuttu hesei bithei ambasa de afabufi acabume tuwafi dolo asarabuha, han ama soorin de tehe tuktan de uthai šutucin arafi folofi badarambume ulahabi. (《乾隆御制重刻心经全本序》 我圣祖仁皇帝得西藏旧本《心经》，凡五百五十五字，较之今本则前后叙述体制独为完备，中间文法亦有详略异同。乃知此为心经完本，而向所流传阙略而未全也，兹本因圣祖曾命儒臣校勘，未付剞劂，特雕版以广其传。)

ВФСПУБ-СПб　ИВР РАН-СПб

2.《甘珠尔》（g'anjur ging）不分卷

［清］佚名译，佛教著作《甘珠尔》的满文译本，又题《清文翻译大藏经》（manju hergen i ubaliyambuha amba g'anjur nomun）。乾隆五十五年（1790 年）内府刻本，梵夹装 4 函，计 406 叶。页面 73×24 厘米，版框 60×17 厘米。四周双边。满文，每叶 31 行。正文版缘左题满文题名和页码，右题对应汉文。内含满译《御制蒙古甘珠尔经序文》（han i araha monggo g'anjur ging ni sioi bithe）[①]、《吐蕃巴克什喇嘛循例撰序文》（lama baksisa tubet ni kooli songkoi banjibuha sioi bithe）、《大藏经总目》（amba g'anjur ging ni uheri ton）及《大宝积经》（boobai dabkūrilaha nomun）中第十二会《宝积菩萨藏经 / 菩萨藏会》（boobai fusa i aiman i nomun）、第十三会《宝积处胎经 / 佛为阿难说人处胎会》（boobai tebku de bisire nomun）、第十四会《宝积入胎经 / 佛说入胎藏会》（boobai tebku de dosire nomun）和第十五会《宝积文殊授记经 / 文殊师利授记会》（boobai manjusiri i biwanggirit nomun）。首叶及末叶均钤深蓝色俄文 Восточный отдел. Фундамент. Библ. Л. Г. У. "列宁格勒国立大学

---

① 《蒙文大藏经》又题作《如来大藏经》（žu lai i amba g'anjur ging）。

东方部图书馆"三角形章。

g'anjur ging han i araha monggo g'anjur ging ni sioi bithe, bi donjici fu hi jijun be badarambure jakade, ging suduri i sekiyen gorokici nakabuhebi, ioi hūng fan be fisembure jakade, šu yangse i deribun ambarame iletulehebi. umesi julgei gulu kooli be feteme, dulimbai jalan de genggiyen forgon be neihe be dahame amba jurgan somishūn gisun, šun usiha de jergilefi sasa eldeke ferguwecuke fiyelen oyonggo bithe. yo bilten de teherefi uhei wesihun oho jai gurun be karmara irgen be dalire de oci, jalbarire hafan hūturi baire bithe bi. hūwaliyasun edun sain aga de oci, in yang ni erin be tuwara urse bi. eiterecibe gemu bisire be wesihulere be tuhen obume ofi, tuttu meni meni somishūn be getukelere leolen be arahabi.（《甘珠尔》 御制蒙古甘珠尔经序文，朕闻，羲爻既衍，远开经籍之源，禹范旋披，弘启文章之钥。溯淳风于太古，恢景运于中天，大义微言，较日星而并灿，灵篇宝箓，偕岳渎以争奇，既至祐国庇民，有祝史受厘之册，和风甘雨，有阴阳占候之家，总皆以崇有为归，遂各著阐幽之论。)

ВФСПУБ-СПб

3.《薄伽婆帝般若波罗蜜多经》（eteme yongkiyafi duleke eme sure i cargi dalin de akūnaha niyaman sere ging）不分卷

[清]佚名译，佛教著作《薄伽婆帝般若波罗蜜多经》的满文译本，又题《薄伽梵母智慧到彼岸心经》。乾隆年间刻本，梵夹装1函，计21叶。页面 36×11 厘米，版框 29×8 厘米。上下双边。首叶封面、背面版缘右镌汉文"心上一"，左侧镌相应藏文 gcig"一"；第2叶正面版缘右镌汉文"心上二"，左侧镌相应藏文 gynis"二"，背面版缘右镌汉文"心下二"，左侧镌相应藏文 gnyis 'og"二下"，以下类推。梵藏满蒙汉合璧，从上至下依次为梵文、藏文、汉文、蒙古文和满文各1行。

eteme yongkiyafi duleke eme sure i cargi dalin de akūnaha niyaman sere ging eteme yongkiyafi duleke[1] sure i cargi dalin de akūnaha eme

---

① 原文 duleke 讹作 doleke。

de ginggulehee, uttu seme mini donjihangge emu fonde, eteme yong kiyafi duleke fucihi randzagirha sere hecen i g'adarigut sere alin de gelung sei jergi hūbarak bodisado jergi hūbarak emgi tehe bihe, tere fonde eteme yongkiyafi duleke fucihi šumin narhūn be tuwara ging ni hacin sere can de necin i tembihe, ineku tere fonde bodi sado maha sado arya awalogita šori barandza barmida i šumin narhūn yabun be tuwafi tere sunja iktan be unenggi banin i untuhun same tuwaha, tereci fucihi i hūsun de jalafungga šeribudari.(《薄伽婆帝般若波罗蜜多经》 顶礼薄伽婆褅智度佛母，如是我闻，一时薄伽梵在王舍城灵鹫山中与大比丘众大菩萨众俱，而时薄伽梵入观照深妙法品三昧，是时复有观自在菩萨摩诃萨观般若波罗蜜多深妙行，照见五蕴皆自性空，于是寿命具足舍利子承佛力。)

ВФСПУБ-СПб

4.《般若总略集》(enduringge sure i cargi dalin de akūnaha šošohon irgebun i nomun) 不分卷

[清] 佚名译，佛教著作《般若总略集》的满文译本。乾隆年间刻本，梵夹装 1 函，计 120 叶。页面 26×10 厘米，版框 21×6.5 厘米。四周双边。满文，每叶 15 行。首叶正面为封面，题满文 abkai wehiyehe i, enduringge sure i cargi dalin de akūnaha šošohon irgebun i nomun toktoho, han i ubaliyambuhangge "乾隆,（钦）定般若总略集，御译"，背面版缘左题满文 sure i cargi dalin de akūnaha šošohon irgebun i nomun, dergi uju, 右题对应汉文 "般若总略集，上一"。自第 2 叶起正面版缘左题满文题名与页码，栏右题对应汉文。封面叶与末叶均钤深蓝色俄文 Восточный отдел. Фундамент. Библ. Л. Г. У. "列宁格勒国立大学东方部图书馆" 三角形章。

enduringge sure i cargi dalin de akūnaha šošohon irgebun i no-mun sure i cargi dalin de akūnaha šošohon irgebun i nomun fejergi dehi juwe, komso bime erileme nungnerengge geli labdu, tere adali etengge fucihi i wesihun sure baramit seci, ten i wesihun boobai nomun ofi bahara de mangga nungnerengge labdu. ememu ice teni kulge de dosika urse gūnin funiyagan cinggiya ofi, eiterecibe ere ferguwecuke boobai, nomun be bahame muterakū, esebe heturere jalin ibagan cihalašame urgunjembi.(《般若总略集》《般若总略集》下四十二，少且准时，害又众，虽同得胜佛之兴盛般若波罗蜜多，极兴盛之宝，经成难得，侵害众多。某才刚入乘，若衡量满足人之所想，总之，此神奇之宝，不能得经，为拦此等鬼怪乘势欢喜。)

ВФСПУБ-СПб

5.《御制重译金刚经序》(han i araha dasame ubaliyambuha wacir i lashalara nomun i šutucin) 不分卷

　　[清] 佚名译，佛教著作《御制重译金刚经·序言》的满文译本。乾隆年间刻本，梵夹装 1 函，计 3 叶。页面 26×10 厘米，版框 21×6.5 厘米。四周双边。满文，每叶 15 行。首叶正面为封面，题满文 abkai wehiyehe i, han i araha dasame ubaliyambuha wacir i lashalara nomun i šutucin, han i ubaliyambuhangge “乾隆、(钦) 定重译金刚经序，御译”，背面版缘左题满文 han i araha dasame ubaliyambuha wacir i lashalara nomun i šutucin, dergi uju, 右题对应汉文 “御制重译金刚经，上一”。自第 2 叶起正面版缘左题满文题名与页码，栏右题对应汉文。封面叶与末叶均钤深蓝色俄文 Восточный отдел. Фундамент. Библ. Л. Г. У. “列宁格勒国立大学东方部图书馆” 三角形章。

han i araha dasame ubaliyambuha wacir i lashalara nomun i šu-tucin wacir i lashalaha sure i cargi dalin de akūnaha nomun be ulan i ubaliyambuhangge, umesi labdu, tang gurun i hūwašan hūi neng neneme amala uheri ninggun mudan ubaliyambuha, hūng nung ba i yang oo kemuni acabufi foloho bime, jalan de ulahangge, damu yoo halai cin gurun i gu ma ra šrii ubaliyambuha debtelin, ne baha wargi dzang ni fe debtelin, geren debtelin ci geli meni adali encu.(《御制重译金刚经序》《金刚般若经》传译最多，唐僧惠能前后凡六译，弘农杨颐常集而刻之而世所传，则姚秦鸠摩罗什本译，今乃得西藏旧本与诸本又各有同异。)

ВФСПУБ-СПб　РНБ-СПб

6.《拈香礼拜偈》(hiyan dabure hengkilere irgebun) 不分卷

［清］佚名译，佛教著作《拈香礼拜偈》的满文译本。乾隆年间刻本，梵夹装 1 函，计 9 叶。页面 26 × 10 厘米，版框 21 × 6.5 厘米。四周双边。满文，每叶 15 行。首叶正面为封面，题满文 abkai wehiyehe i, hiyan dabure hengkilere irgebun, han i ubaliyambuhangge "乾隆，拈香礼拜偈，御译"，背面版缘左题满文 hiyan dabure hengkilere irgebun, uju，右题对应汉文"拈香礼拜偈，一"。自第 2 叶起正面版缘左题满文题名与页码，栏右题对应汉文。封面叶与末叶均钤深蓝色俄文 Восточный отдел. Фундамент. Библ. Л. Г. У. "列宁格勒国立大学东方部图书馆"三角形章。

hiyan dabure hengkilere irgebun　ilingga hiyan dabure irgebun, wesihun hacingga ilha erihe, wesihun kumun ijure hiyan sara, wesihun dengjan sain wangga hiyan be, wesihun fucihi sede jukten alibumbi. (《拈香礼拜偈》 燃炷香偈曰，呈献各样尊贵的花珠，覆有崇高礼乐的香伞，准备华灯上好的香薰，供奉尊贵无比的佛陀。)

ВФСПУБ-СПб

7.《宝匣经》(boobai sithen nomun) 不分卷

［清］佚名译，佛教著作《宝匣经》的满文译本。乾隆年间刻本，梵夹装 1 函，计 81 叶。页面 26 × 10 厘米，版框 21 × 6.5 厘米。四周双边。满文，每叶 15 行。首叶正面为封面，题满文 abkai wehiyehe i, šrii bazara b'eirawa fucihi mutebure arga boobai sithen i hūlara kooli durun be sara de lali obume isamjiha manjusiri bulekušeme iletulehe sere gebungge nomun toktoho, han i ubaliyambuhangge "乾隆，威德金刚怖畏尊佛成就法汇易知观咏仪轨文殊慧严大宝聚经，御译"，背面版缘左题满文 boobai sithen nomun, uju，右题对应汉文"宝匣经，一"。自第 2 叶起正面版缘左题满文题名与页码，栏右题对应汉文。封面叶与末叶均钤深蓝色俄文 Восточный отдел. Фундамент. Библ. Л. Г. У. "列宁格勒国立大学东方部图书馆"三角形章。

boobai sithen nomun　abkai wehiyehe i han i ubaliyambuhangge šrii bazara b'eirawa fucihi mutebure arga boobai sithen i hūlara kooli durun be sara de lali obume isamjiha manjusiri bulekušeme iletulehe sere gebungge nomun toktoho, wesihun sefu lama ci ilgabun akū manjusiri yamandag'a fucihi i umuhun i fejile hing seme hengkilefi akdame nikembi amba jilan i eteheme gosin bulekušereo.（《宝匣经》 乾隆御译大威德金刚怖畏尊佛成就法汇易知观咏仪轨文殊慧严大宝聚经，上师怙主无别礼，文殊师利金刚尊，鸦嘛阿纳答嘎前，至诚顶礼谒皈依，大慈大悲观世音。）

ВФСПУБ-СПб

8.《无量寿佛咒经》（mohon akū jalafungga fucihi i tarni nomun）不分卷

［清］佚名译，佛教著作《无量寿佛咒》的满文译本。乾隆年间刻本，梵夹装 1 函，计 32 叶。页面 26×10 厘米，版框 21×6.5 厘米。四周双边。满文，每叶 15 行。首叶正面为封面，题满文 abkai wehiyehe i, mohon akū jalafungga fucihi i tarni nomun, han i ubaliyambuhangge "乾隆，无量寿佛咒，御译"，背面左侧为释迦牟尼画像，下镌满文 šigiyamuni、蒙古文 šagiyamoni 、藏文 śāyamuni 和汉文 "释迦牟尼"；右侧为无量寿佛画像，下镌满文 ayusi、蒙古文 ayosi、藏文 od dpag med 和汉文 "无量寿佛"，中间 3 列咒语，自左向右依次为 na mo bu d'daha ya, na mo daha ramaa ya, na ma ksa sa ñeha ya "纳摩铺达达哈鸦，纳摩答哈喇嘛阿鸦，纳嘛嘎刹萨讷哈鸦"。第 2 叶版缘左题满文 ayusi, uju, 右题对应汉文 "无量寿佛咒，一"。自第 3 叶起正面版缘左题满文题名与页码，栏右题对应汉文。封面叶与末叶均钤深蓝色俄文 Восточный отдел. Фундамент. Библ. Л. Г. У. "列宁格勒国立大学东方部图书馆" 三角形章。

mohon akū jalafungga fucihi i tarni nomun manju gisun de fucihi nomulaha enduringge mohon akū jalafungga hafu surengge han ineku jihe fucihi i tarni sere gebungge amba kulge i nomun, nikan gisun de fo šo da ceng šeng u liyang šeo giowei ding guwang ming wang žu lai to lo ni ging. fucihi nomulaha enduringge mohon akū jalafungga

hafu surengge han ineku jihe fucihi i tarni sere gebungge amba kulge
i nomun, uttu seme mini donjici, emu forgon de jalan i wesihun fucihi
sarawasdi hecen i han i jui dzida i ilhai yafan nanda bindadi i eiten be
urgunjebure kūwaran de emu minggan juwe tanggū susai amba bikcu
sai emgi tembihebi. gemu efujen akū gūnin hafuka umai ehelinggu cisui
akū.(《无量寿佛咒经》 清语佛说大乘圣无量寿决定光明王如来陀罗
尼经,汉语佛说大乘圣无量寿决定光明王如来陀罗尼经。佛说大乘圣
无量寿决定光明王如来陀罗尼经,如是我闻。一时世尊在舍卫国祇树
给孤独园,与大苾刍众千二百五十人俱,皆是漏尽意解无复烦恼。)

ВФСПУБ-СПб

9.《观世音仪轨》(jilan i bulekušere enduringge i mutebure kooli
durun i cusile kurdungge nomun)不分卷

〔清〕佚名译,佛教著作《观世音仪轨》的满文译本。乾隆年间刻
本,梵夹装1函,计7叶。页面26×10厘米,版框21×6.5厘米。四
周双边。满文,每叶满、汉文各15行。首叶正面为封面,朱题满文
abkai wehiyehe i, jilan i bulekušere enduringge i mutebure kooli durun
i cusile kurdungge nomun toktoho, han i ubaliyambuhangge "乾隆,
(钦)定观世音仪轨经,御译",背面版缘左题满文 jilan i bulekušere
fucihi mutebun, uju, 右题对应汉文"观世音仪轨,一"。自第3叶起
正面版缘左题满文题名与页码,栏右题对应汉文,封面与第7叶背面
末钤深蓝色俄文 Восточный отдел. Фундамент. Библ. Л. Г. У. "列宁
格勒国立大学东方部图书馆"三角形章。

jilan i bulekušere enduringge i mutebure kooli durun i cusile
kurdungge nomun   abkai wehiyehe i jilan i bulekušere enduringge i
mutebure kooli durun i cusile kurdungge nomun han i ubaliyambuhangge,
eiten nomun daci untuhun banin bime beye inu da banin akū seme gūniki,
untuhun ci hacingga boconggo šu ilha biyai mandal dabkūrilaha dulimbade,
mujilen šanyan, hrii ksa hergen ome iletulehe ci elden eldefi, geren
ergengge i jobolon be geterembufi.(《观世音仪轨》 乾隆御译钦定观
世音仪轨经,诸法无缘本空清净中,各色莲花月轮重叠上,纥唎嘎刹
字外射放光,诸有情苦难融化无余。)

ВФСПУБ-СПб

10.《威罗瓦吉祥赞经》(yamandag'a i sain sabingga irgebun) 不分卷

[清] 佚名译，佛教著作《威罗瓦吉祥赞经》的满文译本。乾隆年间刻本，又题《鸦嘛纳嘎吉祥赞》，梵夹装 1 函，计 5 叶。页面26×10 厘米，版框 21×6.5 厘米。四周双边。满文，每叶 15 行。首叶正面为封面，朱题 abkai wehiyehe i, yamandag'a i sain sabingga irgebun toktoho, han i ubaliyambuhangge "乾隆，（钦）定威罗瓦吉祥赞经，御译"，背面版缘左题满文 yamandag'a i sain sabingga irgebun, uju, 右题对应汉文 "威罗瓦吉祥赞经，一"。自第 2 叶起正面版缘左题满文题名与页码，栏右题对应汉文，背面右下角仅题汉文 "下二""下三""下四"，封面与第 5 叶背面末钤深蓝色俄文 Восточный отдел. Фундамент. Библ. Л. Г. У. "列宁格勒国立大学东方部图书馆" 三角形章。

yamandag'a i sain sabingga irgebun abkai untuhun de tugi bireme sektefi, ton akū šun i elden fosoko adali, horonggo erdemungge yamandag'a i mandal, hacingga hūturi fengšen sabingga ilhai aga agaha, muduri muyara jilgan i gese fengšengge irgebun irgebume, umesi etengge wacir akjan i hūsun de, eiten ari ibagan be feser seme meijebufi, ilan jecen i geren ergengge de sabingga hūturi bahabumbi. geren fucihi i sure ulhisu yongkiyaha manjusiri, eiten ehe ari i cooha be isebure yamandag'a, lamai arbun tuwabume kūbulika dzongk'aba de, sefu fucihi be emu banin seme gingguleme dorolombi.(《威罗瓦吉祥赞经》 虚空天祭大云布，无数日轮散光明，威德尊佛曼查拉，福祥花雨降种种，吉喜歌声若龙吟，最胜金刚雷霆力，摧碎持伏众魔军，令三界众获吉祥，具诸佛慧妙吉祥，伏诸魔军狱帝主，现上师身宗喀巴，敬礼师佛性无别。)

ВФСПУБ-СПб

11.《威罗瓦礼赞经》(yamandag'a de doroloro maktacun) 不分卷
[清] 佚名译，佛教著作《威罗瓦礼赞经》的满文译本。乾隆年间

刻本，又题《鸦嘛纳嘎礼赞》，梵夹装 1 函，计 5 叶。页面 26×10 厘米，版框 21×6.5 厘米。四周双边。满文，每叶 15 行。首叶正面为封面，朱题 abkai wehiyehe i, yamandag'a de doroloro maktacun i toktoho, han i ubaliyambuhangge "乾隆，（钦）定威罗瓦礼赞经，御译"，背面版缘左题满文 yamandag'a de doroloro maktacun, uju, 右题对应汉文 "威罗瓦礼赞经，一"。自第 2 叶起正面版缘左题满文题名与页码，栏右题对应汉文，背面右下角仅题汉文 "下二" "下三" "下四"，封面与第 5 叶背面末钤深蓝色俄文 Восточный отдел. Фундамент. Библ. Л. Г. У. "列宁格勒国立大学东方部图书馆" 三角形章。

yamandag'a de doroloro maktacun i toktoho hūm̃, manjusiri untuhun ci banjinjiha aisin beyengge, manjusiri i gūnin de eiten nomun i banin iletu manjusiri i gisun nemeyen nesuken toosengge, manjusiri a, bi te hing seme hargašame dorolombi, ferguwecuke gūnin, nesuken banin aššarakū bime, jilan i hūsun de eiten ari be dahabure jalin, amba gelecuke b'eirawa beyebe tuwabuha.（《钦定威罗瓦礼赞经》 鸦嘛纳嘎行礼赞定，吽！文殊师利自虚空生金身，如文殊师利意者，一切法性觉，文殊师利之语柔顺温良有力，文殊师利啊，吾现虔诚仰望礼拜，灵妙心，温良性，岿然不动，然为使慈力降伏诸鬼怪，以大且可怕之体示人。）

ВФСПУБ-СПб

12.《威罗瓦回向文》（yamandag'a i forobun sindara irgebun）不分卷

［清］佚名译，佛教著作《威罗瓦回向文》的满文译本。乾隆年间刻本，又题《鸦嘛纳嘎回向文》，梵夹装 1 函，计 7 叶。页面 26×10 厘米，版框 21×6.5 厘米。四周双边。满文，每叶 15 行。首叶正面为封面，朱题满文 abkai wehiyehe i, yamandag'a i forobun sindara irgebun toktoho, han i ubaliyambuhangge "乾隆，（钦）定威罗瓦回向文，御译"，背面版缘左题满文 yamandag'a de dorolon maktacun, uju, 右题对应汉文 "威罗瓦回向文，一"。自第 2 叶起正面版缘左题满文题名与页码，栏右题对应汉文，背面右下角仅题汉文 "下二" "下

三""下四",封面与第 5 叶背面末钤深蓝色俄文 Восточный отдел. Фундамент. Библ. Л. Г. У."列宁格勒国立大学东方部图书馆"三角形章。

yamandag'a i forobun sindara irgebun toktoho umesi hing sere beyei gūnin mujilen de, eteme yongkiyafi colgoroko yamandag'a, fucihi i mandal be, nioron i gese samadi i urebume gūnifi, jukteme maktafi tarni, hūlara jergi i, isabuha umesi bolgo hūturi. jai ilan forgon i bisirele hūturi hūsun de, eiten sid'd'hi i fulehe erdemungge, sefu lama be hing seme juktefi urgunjebukini. ere jalan i baita be efin efire gese, sansar i aisi amtan be horonggo meihe i feye adali seme safi, ergenggei jalin bodi mujilen deribufi, ninggun baramit yabun be eteheme kicekini.(《钦定威罗瓦回向文》 以最虔诚身心意,如虹怖畏曼查拉,于此观想三摩地,供养赞叹持法力,集积清净诸福祥,三世所有福德缘,愿于成就妙德师,至诚供养令观喜。了激世界法如戏,三界味似毒蛇窟,为众生发菩提心,愿勤修习六度行。)

ВФСПУБ-СПб

13.《威罗瓦供赞经》(yamandag'a de jukten alibure irgebun)不分卷

[清]佚名译,佛教著作《威罗瓦供赞经》的满文译本,又题《鸦嘛纳嘎供赞》。乾隆年间刻本,梵夹装 1 函,计 9 叶。页面 26×10 厘米,版框 21×6.5 厘米。四周双边。满文,每叶 15 行。首叶正面为封面,朱题满文 abkai wehiyehe i, yamandag'a de jukten alibure irgebun toktoho, han i ubaliyambuhangge "乾隆,(钦)定威罗瓦供赞经,御译",背面版缘左题满文 yamandag'a de jukten alibure irgebun, uju, 右题对应汉文"威罗瓦供赞经,一"。自第 2 叶起正面版缘左题满文题名与页码,栏右题对应汉文,背面右下角仅题汉文"下二""下三""下四",封面与第 5 叶背面末钤深蓝色俄文 Восточный отдел. Фундамент. Библ. Л. Г. У."列宁格勒国立大学东方部图书馆"三角形章。

yamandag'a de jukten alibure irgebun fucihi sai umesi wesihun erdemu beyengge, bolgo targacun i sur sere wangga yongkiyaha, amba sure ulhisu i wali toose bahafi, umai icihi berten akū banitai bolgo bicibe, damu mini ginggulere gūnin be akūmbure jalin, sain wangga bolgo hiyan be belhefi alibure de, hūturi fengšen i ubu yooni yongkiyame šanggabukini.(《威罗瓦供赞经》 佛极尊有德之体, 清戒芳香圆满, 得大慧灵法权, 全然无眼天生洁净, 我竭持敬心, 预备奉献上好芳香纯净香, 成全福缘佛极尊有德之体, 七菩提唐卡端懿有花, 得大慧灵法权, 全然无眼天生洁净, 我竭持敬心, 预备奉献上好灵花, 成全福缘分。)

ВФСПУБ-СПб

14.《威德金刚怖畏尊佛成就法汇易知观咏仪轨文殊慧严大宝聚经》(šrii bazara b'eirawa fucihi mutebure arga boobai sithen i hūlara kooli durun be sara de lali obume isamjiha manjusiri bulekušeme iletulehe sere gebungge nomun toktoho) 不分卷

〔清〕佚名译, 佛教著作《威德金刚怖畏尊佛成就法汇易知观咏仪轨文殊慧严大宝聚经》的满文译本, 又题《鸦嘛阿纳答嘎经》(yamandag'a i nomun)。乾隆年间刻本, 梵夹装1函, 计32叶。页面58×16厘米, 版框47×11厘米。四周双边。满文, 每叶15行。首叶正面为封面, 题满文 abkai wehiyehe i, šrii bazara b'eirawa fucihi mutebure arga boobai sithen i hūlara kooli durun be sara de lali obume isamjiha manjusiri bulekušeme iletulehe sere gebungge nomun toktoho, han i ubaliyambuhangge "乾隆, 威德金刚怖畏尊佛成就法汇易知观咏仪轨文殊慧严大宝聚经, 御译", 背面版缘左题满文 yamandag'a i nomun, uju, 右题对应汉文 "鸦嘛阿纳答嘎经, 一"。自第2叶起正面版缘左题满文题名与页码, 栏右题对应汉文。封面叶与末叶均钤深蓝色俄文 Восточный отдел. Фундамент. Библ. Л. Г. У. "列宁格勒国立大学东方部图书馆" 三角形章。

šrii bazara b'eirawa fucihi mutebure arga boobai sithen i hūlara kooli durun be sara de lali obume isamjiha manjusiri bulekušeme iletulehe sere gebungge nomun toktoho wesihun sefu ci ilgabun akū manjusiri yamandag'a fucihi i umuhun i fejile hing seme hengkilefi akdame nikembi. amba jilan enteheme gosime bulekušereo. a i fulehe šrii bazara b'eirawa fucihi emu dere juwe galangga de, ts'aidao guwesi jafaha. (《威德金刚怖畏尊佛成就法汇易知观咏仪轨文殊慧严大宝聚经》 至心顶礼皈依上师文殊鸦嘛阿纳答嘎尊佛，大慈大悲观世音菩萨，阳体威德金刚怖畏尊佛，一面二臂，执金钺噶巴拉。)

ВФСПУБ-СПб

15.《鸦嘛阿纳答嘎供赞》(yamandag'a de jukten alibure irgebun) 不分卷

[清] 佚名译，佛教著作《鸦嘛阿纳答嘎供赞》的满文译本，又题《威罗瓦供赞经》。乾隆年间刻本，梵夹装 1 函，计 4 叶。页面 58×16 厘米，版框 47×11 厘米。四周双边。满文，每叶 15 行。首叶正面为封面，朱题满文 abkai wehiyehe i, yamandag'a de jukten alibure irgebun toktoho, han i ubaliyambuhangge "乾隆，（钦）定威罗瓦供赞经，御译"，背面版缘左题满文 yamandag'a de jukten alibure irgebun, uju, 右题对应汉文 "威罗瓦供赞经，一"。自第 2 叶起正面版缘左题满文题名与页码，栏右题对应汉文，背面右下角仅题汉文 "下二" "下三" "下四"，封面与第 5 叶背面末钤深蓝色俄文 Восточный отдел. Фундамент. Библ. Л. Г. У. "列宁格勒国立大学东方部图书馆" 三角形章。内容同《威罗瓦供赞经》。

yamandag'a de jukten alibure irgebun　fucihi sai umesi wesihun erdemu beyengge, nadan bodi i tangkan[①] i fujurungga ilhangga, amba sure ulhisu i wali toose bahafi, umai icihi berten akū banitai bolgo bicibe, damu mini ginggulere gūnin be akūmbure jalin, umesi sain ferguwecuke ilha be belhefi alibure de, hūturi fengšen i ubu yooni yongkiyame šanggabukini. (《鸦嘛阿纳答嘎供赞》 诸佛实为盛德之身，七菩提分，庄严灿烂，得大智慧权法。全无垢污，天赋纯洁，惟尽朕之敬意，谨备至美灵花，以期福祚因缘，悉行全成。)

ВФСПУБ-СПб

_____

① 原文讹作 tangka。

16.《鸦嘛阿纳答嘎吉祥赞》（yamandag'a i sain sabingga irgebun）不分卷

［清］佚名译，佛教著作《鸦嘛阿纳答嘎吉祥赞》的满文译本，又题《威罗瓦吉祥赞经》。乾隆年间刻本，梵夹装 1 函，计 2 叶。页面 58×16 厘米，版框 47×11 厘米。四周双边。满文，每叶 15 行。首叶正面为封面，朱题满文 abkai wehiyehe i, yamandag'a i sain sabingga irgebun toktoho, han i ubaliyambuhangge "乾隆，（钦）定威罗瓦吉祥赞经，御译"，背面版缘左题满文 yamandag'a i sain sabingga irgebun, uju, 右题对应汉文"威罗瓦吉祥赞经，一"。自第 2 叶起正面版缘左题满文题名与页码，栏右题对应汉文，背面右下角仅题汉文"下二""下三""下四"，封面与第 5 叶背面末钤深蓝色俄文 Восточный отдел. Фундамент. Библ. Л. Г. У. "列宁格勒国立大学东方部图书馆"三角形章。内容同《威罗瓦吉祥赞经》。

yamandag'a i sain sabingga irgebun　somishūn ulan be siraha sure ulhisungge ḍagiai ere nomun i doro šanggaha laa lii d'a amuga badzara. dibangg'ara raksid'a deribure tangkan i šangga be bahara lots'atsawa badzara girdai, ere jergi da sefu, ulan i sefu sa, eiten siind'hi i tucin tersei adistit i jancuhūn silenggi i mujilen de jalu singgefi, fucihi i tacihika juwan dere de bireme akūnaha fengšen toktokini. sunja sure i baningga sunja yamandag'a. ari i coohai be mukiyebure duka tuwakiyara duin bityarandza, duin mohon akū mujilengge. duin e fucihi duin hošoi šu ilhai aliha g'abla de bisirele wesihun hūturi tere amba sain sabingga geren eiten ijishūn akū eberen i holbohon be mayambufi sain hūturi biyai jalundara adali nonggibume emu elgiyen tumin te sebjelere fengšen toktokini.(《鸦嘛阿纳答嘎吉祥赞》 秘密法宗智慧母，成此经法拉礼答，不空金刚及燃灯，得成起修金刚明，如是本师嗣宗师，诸成就根诸尊众，摄受甘露心融满，惟愿佛教遍十方。五智性五大威德，摧魔守门四明王，四无量心四佛母，四隅莲花颅器承，所有福贵大吉祥，消尽不顺衰败缘，增长安福如满月，消尽不顺衰败缘，惟愿财丰福喜延。)

ВФСПУБ-СПб

17.《鸦嘛阿纳答嘎礼赞》(yamandag'a de doroloro maktacun)不分卷

[清]佚名译，佛教著作《鸦嘛阿纳答嘎礼赞》的满文译本，又题《威罗瓦礼赞经》。乾隆年间刻本，梵夹装 1 函，计 4 叶。页面 58×16 厘米，版框 47×11 厘米。四周双边。满文，每叶 15 行。首叶正面为封面，朱题满文 abkai wehiyehe i, yamandag'a de doroloro maktacun i toktoho, han i ubaliyambuhangge "乾隆，（钦）定威罗瓦礼赞经，御译" 背面版缘左题满文 yamandag'a de doroloro maktacun, uju, 右题对应汉文 "威罗瓦礼赞经，一"。自第 2 叶起正面版缘左题满文题名与页码，栏右题对应汉文，背面右下角仅题汉文 "下二""下三""下四"，封面与第 5 叶背面末钤深蓝色俄文 Восточный отдел. Фундамент. Библ. Л. Г. У. "列宁格勒国立大学东方部图书馆" 三角形章。内容同《威罗瓦礼赞经》。

yamandag'a de doroloro maktacun g'alab tuwai adali umesi badarafi, angga gakahūn feheren hiterefi talkiyara adali, yasa morohon weihe šakšahūn umesi horonggo, ha ha seme wacir jilgan i ambarame injembi pem seme ḍagiai sabe hūlara jilgan untuhun de turgembi, jilidame bethe fehure de amba na aššambi gelebure mudara arame toosengge abka be wembumbi, ilenggu halgime weihe šakšahūn senggki omire arbunggai, enduri suwaliyame jalan jecen be nonggire gese.（《鸦嘛阿纳答嘎礼赞》 灾难似火般扩张，张口眉皱如闪电，睁眼露齿常威猛，大声笑似空行母，怒脚踏威震大地，舌盘露齿饮血貌，神祇一般益世界。）

ВФСПУБ-СПб

18.《鸦嘛阿纳答嘎回向文》(yamandag'a i forobun sindara irgebun)不分卷

[清]佚名译，佛教著作《鸦嘛阿纳答嘎回向文》的满文译本，又题《威罗瓦回向文》。乾隆年间刻本，梵夹装 1 函，计 2 叶。页面 58×16 厘米，版框 47×11 厘米。四周双边。满文，每叶 15 行。首叶正面为封面，朱题满文 abkai wehiyehe i, yamandag'a i forobun sindara irgebun, han i ubaliyambuhangge "乾隆，威罗瓦回向文，御译"，背面

版缘左题满文 yamandag'a i forobun sindara irgebun, uju，右题对应汉文"威罗瓦回向文，一"。自第 2 叶起正面版缘左题满文题名与页码，栏右题对应汉文，背面右下角仅题汉文"下二""下三""下四"，封面与第 5 叶背面末钤深蓝色俄文 Восточный отдел. Фундамент. Библ. Л. Г. У. "列宁格勒国立大学东方部图书馆"三角形章。内容同《威罗瓦回向文》。

yamandag'a i forobun sindara irgebun　duin abisik i bolgo mukei ilan dukai icihi be obofi, duin beye i fulehe be akdun obufi, tangkari targacun be ergen i gese karmatafi juwe tangkan[①] i doro ba urebure tetun šanggabukini banjin bucen siden i farhūn be gemu geterembufi, ilan beyei elden i umesi eldembure, deribure tangkan be duin ubu i urebufi, šanggabure tangkan be akūmbume bahakini, sefu yamandag'a fucihi i isan i abkai untuhun de jalumbuha hūturi usin de, umesi bolgo ilan kurdun i hing seme juktefi beyei mujilen be bolgo ureshūn okini.（《鸦嘛阿纳答嘎回向文》 四灌顶水净三门，于四身种坚固子，如护本命以持戒，愿能速成二种道，消除生死中阴暗，能以三身光明净，起修更以四度观，惟愿得证成修习，上师怖畏佛圣会，遍满虚空大福田，清净三轮虔供养，惟愿身心俱清净。）

ВФСПУБ-СПб

19.《宝积经成语》（ boobai dabkūrilaha nomun i šošohon gisun ）不分卷

　　［清］佚名译，佛教著作《宝积经成语》的满文译本。乾隆年间刻本，梵夹装 1 函，计 104 叶。页面 26×10 厘米，版框 21×6.5 厘米。四周双边。满汉合璧，每叶满、汉文各 6—10 行。正文版缘左题满文题名和页码，右题对应汉文。

boobai dabkūrilaha nomun i šošohon gisun《宝积经成语》 ineku jihe fucihi i gisun gese ninju hacin i meimeni encu jilgan mudan bi, 如来言词出六十品各具音声；sain sabingga mudan, 吉祥音；nesuken

---

① 原文讹作 tangka，本条内余同。

nemeyen mudan，柔软音；buyecuke mudan，可乐音；gūnin be ur-
gunjere bolgo bolokon mudan，悦意清净音；icihi ci aljaha mudan，离
垢音；tomorhon getuken mudan，显曜音；umesi ferguwecuke mudan，
微妙音；donjire de getuken mudan，明听音；suwaliyata akū mudan，
无乱音；farfabun akū mudan，无愤音；tacibure wesihun mudan，师
父音；ijishūn sain mudan，善顺音；ujen elhe mudan，安重音；don-
jiha ele urse be sain hūwaliyasun obure mudan，身所吉和音；mujilen
erin de acabure mudan，随心时音。

ВФСПУБ-СПб

20.《大般若波罗蜜多经》（amba sure i cargi dalin de akūnaha nomun）
不分卷

［清］佚名译，乾隆年间刻本，梵夹装 2 函，计 451 叶。页面
73.5×25.3 厘米，版框 59×16.8 厘米。四周双边。满文，每叶 22 至
31 行。首叶正面版缘左侧题满文 sunjaci ubui sure i nomun dergi jai，
右题对应汉文"五般若经，上二"，背面版缘右下角仅汉文页码。封
面自左向右依次为满文 ferguwecuke jilangga eme"妙音天母"、妙
音天母画像、藏文 dbyangs can ma"妙音天母"和藏文 sher phyin
lnga pa"五般若经"，含第五分《甚深相品》《船等喻品》《如来品》
《不退品》《贪行品》《姊妹品》《梦行品》《胜意乐品》《修学品》《根栽
品》《付嘱品》《见不动佛品》，第六分《显相品》《法界品》《念住品》
《法性品》《平等品》《现相品》《无所得品》《证劝品》《显德品》《现
化品》《陀罗尼品》《劝诚品》《二行品》《赞叹品》《付嘱品》，第七分
《曼殊室利分序》《曼殊室利分》，第八分《那伽室利分序》《那伽室利
分》，第九分《能断金刚分序》《能断金刚分》《般若理趣分序》《般若
理趣分》。

amba sure i cargi dalin de akūnaha nomun tanggūt gisun de, epaks
bha šes rab ji bha rol du bhin bha big'iint sd'ung bha žes biya wei mdo,
manju gisun de, enduringge jakūn minggan irgebun gebungge sure i
cargi dalin de akūnaha nomun, nikan gisun de u hūi bo žo bo lo mi
do ging. amba sure i cargi dalin de akūnaha nomun sunjaci ubu i ujui

debtelin, subodi i ujui fiyelen. uttu seme mini donjiha, emu forgon de, eteme yongkiyafi colgoroko fucihi radzagirha hecen de gʻandarigut alin i ninggude tefi geren amba bikcu emu tumen juwe minggan niyalmai emgi bisire de gemu araha ofi, jalafungga subodi, šeribudari sa akūcila-habi ananda i teile tacin i tangkan① de bisire ci tulgiyen geli mohon akū ton akū fusa amba fusa bifi totka akū faksalame giyangnara erdemu be baha maidari fusa ferguwecuke sain sabingga fusa sa.(《大般若波罗蜜多经》唐古特语圣八千颂般若颂波罗蜜多经, 清语圣八千颂般若颂波罗蜜多经, 汉语五慧般若波罗蜜多经, 初分缘起品第一之一, 如是我闻。一时薄伽梵。住王舍城鹫峰山顶。与大苾刍众千二百五十人俱。皆阿罗汉。诸漏已尽无复烦恼得真自在心善解脱慧善解脱。)

РНБ-СПб

21.《绿救度佛母白救度佛母赞》(ṭibzun ma ṭolma ṭolma garmo zuk so)不分卷

[清]丰绅济伦(1763—1807)辑, [清]佚名译, 佛教著作《绿救度佛母赞》(ṭibzun ma ṭolma)和《白救度佛母赞》(ṭolma garmo zuk so)的满文译本合辑。嘉庆元年(1796 年)至宝堂刻本, 线装 1 册, 计 16 叶。页面 28.5×17.5 厘米, 版框 19×14 厘米。白口单黑鱼尾, 四周双边。满汉合璧, 半叶满、汉文各 5 行。版心有汉文题名《绿救度佛母赞》和页码。内附《二十一种救度佛母赞》(orin emu doobume aitubure eme i maktacun)。

ṭibzun ma ṭolma om badzar saman dza bodala i namcuk nai, dam ik jiyangku lai ṭhongsing, otbak metbai ula giyan, duisuma sanggiyai ṭhinlai ma, ṭolma korjai šeksu sol, lhadang, lhamin jotban ji, žabani batmao ladut; jolma garmo zuk so.(《绿救度佛母赞》哦吗, 唵巴哂尔, 萨曼, 哂。波达拉, 依, 南绰克, 奈, 达吗, 伊克, 将库, 赖, 充声, 哦忒巴克, 莫忒背, 乌拉, 坚, 堆苏吗, 桑界, 梯恩赖, 吗, 卓尔吗, 科尔翟, 舍克苏, 索尔拉当, 拉敏, 卓忒班, 积, 沙巴尼, 巴忒莫, 拉都忒。)

ṭolma garmo zuk so om korwa laiṭol dare, dudara i jik giyat ṭol, durei

---

① 原文讹作 tangka。

nawa namlai ṭol ṭolma yulma giyak ts'alo batma garboi uinai ba dawei sukji dan dengdu, dorji jiljung jai dzat ma.(《白救度佛母赞》唵，科尔洼，赖卓勒，达呼，都达拉，依积克，加忒，卓勒，督呼依，那哇南赖，卓勒，卓勒吗，俞勒嘛，迦克，擦罗，巴忒吗，噶尔背，委乃，巴，达维，苏克积，丹，登都，多尔积，积勒忠瞿，咂忒，吗。)

orin emu doobume aitubure eme i maktacun na mo aa rya d'a ra ye, enduringge jilan i bulekušere toosengga gosin i isan de hengkilembi, budala alin i wesihun bade, niowanggiyan d'aṁ hergen ci banjinjifi, abida fucihi be ujui ninggude hukšehe, ilan forgon i fucihi i weilen be mutebure eme, doobume aitubure eme gucu giyajan suwaliyame enggelenjireo, enduri asuri sei ujui miyamigan be, umuhun i šu ilhai fejile hujubume, eiten yadara mohoro ukcabure eme,doobume aitubure eme de hengkilembi, oṁ enduringge ten i wesihun eme de hengkilembi, doobume aitubure hahi baturu, dartai andan i talkiyara gese yasangga, ilan jalan i akdacun i šu ilhai dere, ferguwecuke jilha ci tucike eme de hengkilembi, tanggūrsu jibsiha bolori biya gubci, badarame jaluka gese cirangga.(《二十一种救度佛母赞》 纳摩阿阿喇雅答阿喇叶。稽首慈悲大圣观自在尊。布达拉山尊胜境。绿达穆字如是现。阿弥陀佛顶严格相。成就三世佛力母。佛母眷属愿降临。圣梵诸天净庄严。妙莲花足同顶礼。稽首解脱一切厄。稽首救度佛母圣。唵，稽首至圣救度佛母。稽首救度勇速圣母。目如刹那电光闪照。三世界尊莲华面相。从妙华中映现端严。稽首百千秋月朗耀。普遍圆满无垢面相。)

ВФСПУБ-СПб　ИВР РАН-СПб

22.※《妻鸦秘密》(mergen erdemungge i da tucin) 六卷

［清］佚名译，佛教著作《妻鸦秘密》的满文译本，又译《智德之源》。写本，线装1册，计30叶。页面23×17厘米。满文，半叶7行。封面右上方书汉文题名及卷数"《妻鸦秘密·六卷》"。原属伊万诺夫斯基藏品。

mergen erdemungge i da tucin abkai wehiyehe i han i ubaliyam-buhangge, mergen erdemungge i da tucin sere gebungge šošohon gisun i tarni aiman toktoho, jaici somishūn tarni i kulge i da kooli ci nomulaha gebui hacin de daci eteme yongkiyafi colgoroko fucihi, fejergi ajige kulge de hing seme buyere dahabume wembuci acara urse de buyen ci aljaha yabun onco amba de hing seme buyere urse de tangkan[①] ba baramit i yabun.(《妻鸦秘密》 乾隆御译，智德之源陀罗尼叙。第二，诵自秘咒大乘根本，名类薄伽梵，其下小乘至诚渴望招抚教化酌量众人欲望，品行宽大至诚渴望众人级分波罗蜜多品行。）

ИВР РАН-СПб

23.《汉字金刚经》（han i araha dasame ubaliyambuha wacir i lashalara nomun）不分卷

[清] 佚名译，《御制重译金刚经》的满文译本，又题《御制重译金刚经》。乾隆年间钞本，线装 1 册，计 76 叶。页面 18×9.5 厘米。封面中间书藏文 rdo rje gcod pa "金刚经"，右上方题满文 han i araha dasame ubaliyambuha wacir i lashalara nomun "御制重译金刚经"、另书"附录人所赠送汉字金刚经"，前两叶为满文《御制重译金刚经》，正文文种满汉合璧，半叶满、汉文各 5 行。原属伊万诺夫斯基藏品。

han i araha dasame ubaliyambuha wacir i lashalara nomun abkai wehiyehe forgon de han i ubaliyambuhangge, han i araha dasame ubaliyambuha wacir i lashalara nomun i šutucin, wacir i lashalara sure i cargi dalin de akūnaha nomun, namo butdhaya namo dharmaya, namo sangghaya.(《御制重译汉字金刚经》 御制重译能断金刚经序，金刚般若波罗蜜多经，乾隆御译，御制重译能断金刚经序，能断金刚般若波罗蜜多经，南无佛陀耶，南无达摩耶，南无僧伽耶。）

ИВР РАН-СПб PHБ-СПб

24.《兴安庙坛笺书·卷下》（hinggan juktehen i sibiya bithe·fejergi debtelin）一卷

[清] 佚名辑，佛教焚香拜佛流程与祝词。道光三年（1823 年）钞本，线装 1 册，计 104 叶。页面 35.5×20 厘米。满文，半叶 5 行。

---

① 原文讹作 tangka。

54

hinggan juktehen i sibiya bithe · fejergi debtelin　sibiya baire ni-yalma ununakū, beyebe bolgomifi gūnin be unenggi obufi, enduri juleri hiyan dabufi dorolome hengkilefi dasame niyakūrafi sibiya i sigan be jafafi, dolori hesei fungnehe jalan jecen ehe be dahabure tondo jurgang-ga šengge, horonggo ferguwecuke aisingga gosin baturu.(《兴安庙坛笺书·卷下》求签人必斋戒身体，诚心诚意，在神前燃香下拜磕头设贡下跪抽签，心中旨意授招降除恶忠义神，授封神武佑仁巴图鲁世代守疆。)

ИВР РАН-СПб

25.※《佛号目录》(fo hao mu lu) 三卷
［清］佚名译，尊佛译名合辑，所据底本为《诸佛菩萨圣像赞》（※geren fucihi fusa enduringge ūren i maktacun）。钞本，线装 3 册。页面 18×13 厘米。满蒙藏汉合璧，半叶 4 至 8 行。部分佛号名称满文与汉文间、汉文与蒙古文间书红色蒙古文注释，如 chos grgs "法声祖师"，doro be algimbuha baksi "法声祖师"，barigun in nom nomlaqu mutar ǰirüqen no tus ǰoqiyan "向右念经发自内心，法声祖师"，ǰegüne ǰaɣaqu mutar i bariɣun ǰirüqen no doora "向左念经发自内心"，daram gartai bagasi "法声祖师"。原属俄罗斯汉学家巴德玛扎波夫（Ц. Г. Бадмажапова, 1879—1937）藏品。

fo hao mu lu《佛号目录》　muduri juktehe baksi, naɣaǰuvan a baɣsi, klu sgrub, 龙树祖师；tookan akū baksi, asaṅya baɣsi, thogs med, 无着祖师；colgoroho enduringge baksi, aliyandib a baɣsi, 'phags pa iha, 圣天祖师；ulin sadun baksi, basuwandu baɣsi, dbyig gnyen, 田亲祖师；mergen sufan baksi, dig nā ga baɣsi, phyogs glang, 明象祖师；erdemu eldengge baksi, erdeni gerel tü baɣsi, yon tan'od, 德光祖师；šanggiya enduringge baksi, śākya gerel tü baɣsi, shā kya'od, 释迦光祖师；saingirdai baksi, candra kiriti baɣsi, zla bag rags pa, 青目祖师, nesuken enduringge baksi, śantidiva baɣsi, zhi ba iha, 善天祖师；luhiba baksi, luiba baɣsi, lu hi pa, 鲁分巴祖师；wacir horonggo fusa, wčir ǰibqulang tu, rdo rje rgyal mtshan, 金刚德威菩萨；lamun etukungge wacir afaha fusa, köke debel tü wčir bani, phyag odor gos sngon can, 青衣手持金刚；iletu yabungge wacir afaha fusa, ujarya wčir bani, phyag rdor u tsa rya, 显行手持金刚；tasha yalungga akdacun tuwagiyangga, bars kölgetü mahākala, mgon po stag zhon, 骑虎勇保护法；sain yongkiyaha akdacun tuwagiyangga, tegüs sayin mahākala, mgon po legs ldan, 善德勇保护法；daksin sahaliyan ulin i ejen tuwakiyangga, dakṣad nagbo, ṭa kṣad nag po, 大黑熊威财宝护法；šanyan aššarakū wacir, čayan acala, mi gyo ba dkar po 白不动金刚。

ИВР РАН-СПб

　　清高宗弘历于乾隆三十七年（1772 年）命章嘉呼图克图（1716—1786）主持翻译《满文大藏经》,《满文大藏经》于乾隆五十五年（1790 年）成书，计 2535 卷共收佛教典籍 699 种（章宏伟，2008）。满文释家类文献虽于世界多国均有收藏，但各国藏品种类、数量、版本和文种均不尽相同。中国满文释家类文献虽在数量上位居世界前列，但其他国家亦藏有部分不为中国学界所知的珍品。

五 基督类

基督教主要分为天主教、东正教与新教，明末由罗马教会传入中国，在多年的传播与发展中产生了大量的文献。"基督类"未见于《四库全书总目提要》和《续修四库全书总目提要》。《续修四库全书总目提要》子部设西学译著类，将基督教、道教与佛教文献合并纳入"宗教类"。满文基督类文献多为外籍来华人员创作翻译，因此，学界在分类满文文献时多将基督教文献与西学译著合并归入"基督类"。俄罗斯满文基督类文献共 19 种，多为珍稀文献。

1.《性理真诠》（sing li jen ciyan bithei hešen）三卷

［法］孙璋（Alexandre de la Charme，1695—1767）撰，［清］佚名译，乾隆十八年（1753 年）刻本，线装 3 册。页面 27×19 厘米，版框 21×17 厘米。白口单黑鱼尾，四周双边。满文，半叶 7 行，行字不等。版心有满文书题名，满文册数，篇目、汉文卷次和页码。原属利波夫措夫藏品。

sing li jen ciyan bithei hešen　sing li jen ciyan bithei hešen i jai debtelin, sure banin i sekiyen, uju i fiyelen de dergi ejen niyalmai uheri ama eme inu babe leolehengge, nenehe saisa hendume mini neneme niyalma i sure banin umai giyan waka sukdun waka, e a i sukdun waka, uthai nomun bithede henduhe enteheme banin genggiyen hesebun wesihun erdemu, mengdzi i hendume amba beye sehengge inu seme leolehengge, agu si emgeri akūmbume donjiha be dahame, agu de cendeme fonjiki, yali beye ama eme i banjihangge ofi e a i sukdun de holbobuhabi. (《性理真诠》性理真诠卷二，灵性之原 第一篇，主为吾人大父母，先儒曰明论人之灵性，非理非气，即经书所称恒性明命俊德。孟子所谓人

之大灵是也，子既闻之详矣，试问子吾人形躯系阴阳，原为二亲所生，如此则二亲生有之恩关称人子报称之心无涯矣。）

ИВР РАН-СПб　　РНБ-СПб

2.《天主实义》（abka ejen i unenggi jurgan）四卷

［意］利玛窦（Matteo Ricci，1552—1610）著，［清］佚名译，乾隆二十三年（1758年）刻本，线装4册。页面26.8×16.5厘米，版框20.2×13.5厘米。白口单黑鱼尾，四周双边。满文，半叶9行，行字不等。版心依次为满文书题名，汉文卷数，满文篇目和汉文页码。原属俄罗斯皇家科学院亚洲博物馆藏品。

abka ejen i unenggi jurgan　　abkai ejen i unenggi jurgan i bithei yaruka, abkai fejergi be necin obure, gurun boo be dasara enteheme giyan serengge, damu tondo sere emu gisun de šanggambi. tuttu, enduringge mergese, gurun i amban be huwekiyebure de damu tondo oso sembi. tondo serengge gūnin juwederakū de wajihabi, sunja ciktan de ejen be uju obuhabi, tuttu tondo jurgangga saisa urunakū, ere doro be genggiyeleme hafunafi songgolome yabumbi. julge facuhūn jalan i geren baturu kiyangkiya temšendure fonde, jingkini ejen toktoro unde de tondo jurgan be gūnire urse oci, urunakū jingkini ejen be kimcime baimbi. jingkini ejen be baha manggi, uthai dayanafi aisilame, ainaha seme juwederakū bihe, gurun boo de hono ejen bisire bade, abka na de nememe ejen akū mujanggao. gurun boo de hono damu emu ejen bisire be dahame, abka na de juwe ejen bisire doro bio, tuttu ambasa saisa dergi ejen be kimcime gūnirakūci ojorakū.（《天主实义》《天主实义》引，［当仰思唯一天主］，平治庸理，惟竟于一，故圣贤劝臣以忠。忠也者，无二之谓也。五伦甲乎君，君臣为三纲之首，夫正义之士，此明此行。在古昔，值世之乱，群雄纷争，真主未决。怀义者莫不深察正统所在焉，则奉身殉之，罔或与易也。邦国有主，天地独无主乎？国统于一，天地有二主乎？故乾坤之原、造化之宗，君子不可不识而仰思焉。）

ИВР РАН-СПб　　ВФСПУБ-СПб　　РНБ-СПб

3.《万物真原》（tumen jakai unenggi sekiyen i bithe）一卷

［意］艾儒略（Giulio Aleni，1582—1649）著，［清］佚名译，乾隆二十三年（1758 年）刻本，线装 1 册。页面 27.5×18 厘米，版框 21×17 厘米。白口单黑鱼尾，四周双边。满文，半叶 9 行，行字不等。版心有满文书题名，汉文卷数，满文篇目和汉文页码。原属俄罗斯皇家科学院亚洲博物馆藏品。

tumen jakai unenggi sekiyen i bithe　tumen jakai unenggi sekiyen i bithei šošohon ujui fiyelen, tumen jaka de gemu deribun bisire be leolehengge. jai fiyelen, niyalma ocibe jaka ocibe gemu beyebe banjime muterakū be leolehengge. ilaci fiyelen abka ni ini cisui niyalma jaka be banjibume muterakū be leolehengge. duici fiyelan, de sunkdun ini cisui faksalame, abka na ome muterakū be leolehengge. sunjaci fiyelen, giyan umai jaka be banjibuma muterakū be leolehengge. ningguci fiyelen, yaya baita be yargiyalara de, giyan de acanarangge be temgetu obuci acara damu yasai kabuhangge be, temgetu obuci ojorahū babe leolehengge. nadaci fiyelen, abka na, tumen jaka be banjibuha amba ejen bisire be leolehengge jakūci fiyelen, abka na, tumen jaka be kalifi kadalaha amba ejen bisire be leolehengge. uyunci fiyelen, tumen jaka be banjibuha ejen be giyangname gisurehe seme wajirakū babe leolehengge. juwanci fiyelen, abai ejen aban na be banjibuha bime šanggabuha babe leolehengge juwan emuci fiyelen abkai ejen deribun akū bime tumen hacin i deribun inu babe leolehebi.(《万物真原》《万物真原》总论第一篇论物皆有始；第二篇论物不能自生；第三篇论天地不能自生人物；第四篇论元气不能自分天地；第五篇论理不能造物；第六篇论凡事宜据理而不可据目；第七篇论天地大物有大主宰造之；第八篇论天地万物主宰摄治之；第九篇论造物主非拟议所尽；第十篇论天主造天地；第十一篇论天主为万有无原之原。)

ИВР РАН-СПб　ВФСПУБ-СПб　РНБ-СПб

4.《天主教要》（abka ejen i tacihiyan i hešen bithe）四卷

［葡］傅汎际（Francesco Furtato，1587—1653）著，［清］佚名

译，刻本，线装 2 册。页面 26.5×16 厘米，版框 19×14 厘米。白口单黑鱼尾，四周双边。满文，半叶 7 行，行字不等。版心有汉文卷数和页码。原属布罗塞藏品。

abka ejen i tacihiyani hešen bithe abkai ejen i nomun, abkai de bisirengge meni ama, bi sini gebu enduringge iletulebume be baimbi, sini gurun de asinara be baimbi, sini hese be abkai de yaburengge, inu na de emu adali yabure be baimbi, enenggi minde baitalara jeku be enenggi minde bure be baimbi, minde bekdun araha urse be bi guewbure be dahame bi sinde arahan bekdun be inu guwebure be baimbi mimbe yarkiyare ehe bade lifaburakū obure be baimbi mimbe dalime kambi, ehe ci jailabure be baimbi amen. eme mariya si deserengge gerasiya be alihangge inu, abkai ejen simbe dosholome, sini ferguwecuke sain be yaya hehesi i sain ci colgorokobi, sini hefeli de taksiha jui yesu inu ferguwecuke sain kai, abkai ejen i enduringge eme mariya be gemu weilengge niyalma inu si meni jalin de abkai ejen de ne, geli meni bucere erin de jalbarime baireo, amen. (《天主教要》 天主经 我们的天父，愿你的名受显扬，愿你的国来临，愿你的旨意奉行在人间，如同在天上。求你今天赏给我们日用的食粮，求你宽恕我们的罪过，如同我们宽恕别人一样。不要让我们陷于诱惑，但救我们免于凶恶。阿门。圣母经 万福玛丽亚，你充满圣宠，主与你同在，你在妇女中受赞颂，你的亲子耶稣同受赞颂，天主圣母玛丽亚，求你现在和我们临终时，为我们罪人祈求天主。阿门。)

ИВР РАН-СПб ВФСПУБ-СПб РНБ-СПб

5.《辟释氏诸妄》(hūwašan i holo be milarabuha bithe) 不分卷

［明］徐光启（1562—1633）著，［清］佚名译，基督教著作《辟释氏诸妄》的满文译本。刻本，毛装 1 册。页面 26×16 厘米，版框 21.3×14 厘米。白口单黑鱼尾，四周双边。满文，半叶 9 行，行字不等。版心有汉文书题名，和汉文页码。原属布罗塞和俄罗斯皇家科学院亚洲博物馆藏品。

hūwašan i holo be milarabuha bithe giyangnan goloi sung giyang fu i niyalma sioi guwang ki i araha. hūwašan oci, bucehe niyalmai sure fayangga absi genere be sarkū ojoro jakade, ne i gindana be efulere, jeku salara, hoošan deijire jergi holo gisun be banjibufi mentuhun albatu urse be hūlimbumbi. tenteke oron akū oyomburakū holo gisun, uthai ci gurun i dergi ergi bigan i niyalmai gisun i adali be dahame, terebe ai dabure babi. tuttu seme, niyalma ere encu demun de hūlimbufi, hūwašan i holo tacin de dosifi goidaha turgunde, mergese tuwame tucirakū, urunakū juwe ilan jurgangga gisun tucibufi, hūwašan i holo gisun be milarabufi, hūlimbuha niyalma be ulhiburengge, uthai ula birai bilteke muke be dalire adali, eyen be ijishūn i ici eyebure gūnin inu. ede bi hūwašan i udu hacin i holo be tucibufi milarabuki.(《辟释氏诸妄》 江南省松江府徐光启撰序言，释氏不知人魂归于何所，创为破狱、施食、烧纸等说，以诱愚蠢、诞妄鄙浅。齐东野人，本无足辨。然习俗久矣，贤者不免，姑为拈出一二义，砥柱狂澜，庶江湖犹知返乎。)

ИВР РАН-СПб　ВФСПУБ-СПб

6.《天神会课》(abkai enduri i acafi tacibure hacin i bithe) 一卷

［意］潘国光（Francesco Brancati，1607—1671）著，［清］佚名译，写本，线装 1 册。版框 23×16 厘米。白口，四周双边。满文，半叶 8 行，行字不等。

abkai enduri i acafi tacibure hacin i bithe　enduringge ticihiyan i oyonggo giyan ninggun hacin, enduringge tacihiyan i oyonggo giyan be fonjiha jabuhangge, abkai ejen i juwan hacin i targabun be fonjiha jabuhangge, abkai ejen i nomun be sume gisurehengge, abkai ejen i acara kemun, amba enduri sefu iwakingfom gingguleme folofi šuwaselabuha. enduri tacihiyan i oyonggo giyan ninggun hacin. niyalma abkai ejen i enduringge tacihiyan de dosiki gaici, neneme enduringge tacihiyan i oyonggo giyan ninggun hacin be getukeleci acambi, uru hacin, abka na bisire onggolo, emu amba saliha ten akū ci abka na tumen jaka be banjibufi, geli enteheme banjibuha jaka be karmame tuwašatame meni meni ba be bahabufi kemuni enteheme saliha ten ombi.(《天神会课》 圣教要理六

61

端，圣教要理问答，天主经解，天神会规，大神父乙阿钦特敬刻。人欲进天主圣教先该明圣教要理六端。第一，该明未有天地之先，有一大主宰，从无而生天地万物，又恒保护所生之物令各得其所，而常为之主宰。）

ВФСПУБ-СПб

7.《盛世刍荛》（šeng ši cu noo）不分卷

［法］冯秉正（Joseph Moyriac de Mailla，1669—1748）著，基督教著作。钞本，线装 1 册。页面 29×19.5 厘米。满文，半叶 7 行。仅为卷三《灵魂篇》。原书著录作《妇科疗法》（М. П. Волкова，1965：105）。原属翻译家列昂季耶夫斯基（З. Ф. Леонтьевский，1799—1874）藏品。

šeng ši cu noo　sure fayangga ilaci, aikabade niyalma bifi, sure fayangga i mukiyerkū be akdarakū, jifi fonjime, niyalma i jalan de bisirengge, sukdun isaci banjimbi, sukdun samsici bucembi, tebicibe ememu niyalma jobolon gasha teisulebuhe de, terei banjire banjirakū be saki seci, damu terei ergen nio, ergen yadaha seme fonjimbi, mengdzi i heo sere sukdun be ujire sain, daifu sai nimeku be dasara de, da sukdun be akdulara be nendehe be dahame, sukdun uthai fayangga, fayangga uthai sukdun be saci ombikai, beye bucefi sukdun lakcafi, uthai gurgu gasha orho mooi adali wajimbi, damu tondo hiyoošun jalangga jurgangga tob sere sukdun oci, udu bucecibe kemuni bimbi, tuttu ofi, ambasa saisa bibumbi, geren irgen waliyabumbi, sehebi. sukdun ci tulgiyen, aika encu emu bucerakū samsirakū sure fayangga bi seci, ai temgetu bini.

（《盛世刍荛》论灵魂第三，假如有人不信灵魂不灭，来问云：人居世间，气聚则生，气散则死。请看，遇了灾害，欲知他活与不活，只问有气没气。孟子善养浩然之气；医家治病，先保元气。可知，气就是魂，魂就是气。身死气断，则与野兽、草木同归于尽。惟有忠孝节义之正气，虽死犹存。所以说，君子存之，庶民去之。除气之外，若说另有一个不死不灭的灵魂，有何凭据？）

ИВР РАН-СПб

8.《福音》（enduringge ewanggilieon）一卷

　　［俄］利波夫措夫译，基督教著作《吾主耶稣基督新约圣书》（musei ejen isus heristos i tutabuha ice hese）的节选本。钞本，线装 8 册。页面 26.5×19.5 厘米。白口单黑鱼尾，四周双边。满文，半叶 13 行。该书于道光十五年（1835 年）译于圣彼得堡，版心有满文题名，满文页码。原属俄罗斯皇家科学院亚洲博物馆藏品。

enduringge ewanggilieon　　orin juweci fiyelen isus kemuni duibulere gisun be yarume, ceni baru hendume, emu gurun i ejen urun gaijire yengsi dagilafi, ini ahasi be takūrafi helnehe niyalma be solinaha, damu soliha niyalma gemu jidere be maraha, geli encu ahasi be takūrade, tacibume hendume, suwe helnehe niyalma de alana, bi jetere omire jaka be dagilaha, ihan geren bordobuha ulha ujime be waha, eiten gemu belheme jabduha, yengsi de dosinjio sefi, unggihe, helnehe niyalma ineku solire be urgedefi, ememungge ini usin de genehe, ememungge ini maiman be icihiyame genehe. ememungge solinjire ahasi be jafafi. hala hacin i fusihūra be isibufi, cembe waha, tere ejen erebe donjici, faksa jili banjifi, cooha tucibufi, ahasi be wahangge be gemu gisabume wafi, ceni hoton be deijibuhe. tere ini ahasi i baru hendume, yengsi beleni bi, helnehe niyalma, tere gese niyalma waka bihe.（《福音》 第二十二章，耶稣又设譬语众曰，天国犹人君为子设昏筵，遣仆召所请者赴筵，不至，又遣仆曰，告所请者云，我餐已具，牛与肥畜已宰，百物备，可就筵矣，彼不愿而去，一往于田，一往于市，其余执仆，凌辱杀之，君闻之，怒，遣军，灭其凶，焚其邑，语仆曰，昏筵已备，所请者不堪。）

ИВР РАН-СПб

9.《天主实义》（abka ejen i unenggi jurgan）不分卷

　　［意］利玛窦（Matteo Ricci, 1552—1610）著，［清］佚名译。钞本，线装，存 2 册。页面 27×18 厘米。满文，半叶 7 行，行字不等。原属俄罗斯皇家科学院亚洲博物馆藏品。

abka ejen i unenggi jurgan　　abka ejen i unenggi jurgan i bithei šutucin, seibeni fudzi beyebe dasara be leolehengge niyalma be uilere ci deribume, abka be sara de šanggambi sehe. mengdzi mujilen be bibure, banin be ujire ci deribume, abka be uilere de šanggambi sehe. ere juwe hacin i leolen, gemu abkai ejen i unenggi jurgan i bithei leolen de tob seme acabuhabi. yala abka be sarangge, uthai abka be uilerengge, abka be uilere doro, niyalma be uilere doro daci emu, tuttu bime abka be uilere doro uthai naiman be uilere amba sekiyen inu. abka be gisurehengge, jijungge nomun ci getuken ningge akū, jijungge nomun serengge uthai šu bithei deribun kai, ere nomun bithede abka be šošofi, giyan yuwan be uthai ejen inu ama inu sehebi.(《天主实义》《天主实义》序，昔吾夫子语修身也，先事亲而推及乎知天。至孟氏存养事天之论，而义乃綦备。盖即知即事，事天事亲同一事，此二事皆天主实义正论，而天其事之大原也。说天莫辩乎《易》，《易》为文字祖，即言乾元统天，为君为父。)

ИВР РАН-СПб

10.《天主教要》(abka ejen i tacihiyan i hešen bithe) 不分卷
[葡]傅汎际著，[清]佚名译。钞本，线装 1 册，计 9 叶。页面 29×16 厘米。满文，半叶 5 行。原属布罗塞藏品。

abka ejen i tacihiyani hešen bithe　abkai ejen i tacihiyan i hešen i bithe jai debtelin abkai ejen i juwan targacun, ujui targacun, abkai ejen be tumen bisirengge i dele obufi kunduleme wesihume, jai targacun ume abkai ejen i enduringge gebube hūlafi holtome gashūre, ilaci targacun doroloro inenggi i kooli be tuwakiya duici targacun ama eme be hiyoošula, sunjaci targacun ume niyalma be wara, ningguci targacun miosihon boco i baita be ume yabure, nadaci targacun ume hūlhara, jakūci targacun ume balai siden ojoro, uyuci targacun ume niyalma sargan be buyere, juwanci targacun ume niyalma jaka be doosidara, ere juwan targacun i uheri jurgan uthai abkai ejen be tumen bisirengge i dele obufi hairara jai niyalma be beyei adali obufi gosire ere juwan hacin de šošohobi. (《天主教要》《天主教要》第二天主十诫，一、当钦崇天主，不可敬

拜邪神；二、不可妄用天主的圣名；三、当遵守主日和瞻礼日；四、孝敬父母，尊敬师长；五、不许杀人、害人；六、不许行邪淫；七、不行偷盗；八、不许妄证人，毁谤人；九、不许贪恋他人的妻子丈夫，及一切邪淫的事；十、不许贪图他人的财物。以上十诫，总归为二：爱天主万有之上，及爱人如己。）

ИВР РАН-СПб

11.《辟妄说》（geren holo be milarabuha bithe）不分卷

［明］徐光启著，［清］佚名译，基督教著作《辟释氏诸妄》的满文节译本。钞本，毛装 1 册。页面 26×16 厘米，版框 22×14.5 厘米。白口单黑鱼尾，四周双边。满文，半叶 9 行，行字不等。版心依次为满文题名和汉文页码。

geren holo be milarabuha bithe emu hacin jeku salara holo, fucihi i doro de, tarni hūlame doocang araci, goroki hanciki cargi fayangga, sasa jifi isame acambi sembi. na i loo bifi cargi fayangga be horimbime, alihan niyalma be geli di dzang wang pusa, juwan deyen i ilmun han seci, tarni be donjiha ucuri, loo i ejen duka be neifi, weihuken ujen be ilgarakū, gebu hala be fonjirakū. tere be sasa temšeme tucibumbio. eici emke emken i gebu hūlame, terebe siran siran i ilhi aname tucibumbio. aikabade siran siran i ilhi anabuci, jeku salame wajitala, gebu be hūlame wajirakū ombi. aikabade sasa temšeme tucibuci, ilmun han kimcici baicaci ojorakū ombio uthai sasa bahafi tucikeni, kemuni emu hutu be, emu fayangga de dahalabumbio. eici terei cihai fer far seme ini cisui geneme ini cisui jibumbio. aikabade terei cihai fer far seme ini cisui genebume, geli dahame ini cisui jibuci, ci fayangga i dorgide urunakū jailame ukame bedererakūngge bisire be dahame, ilmun han de baicame jafara largin nonggiburakūn. aikabade emu hutu urunakū emu fayangga be dahalaci, aibide tutala baita baitakū sula loo i cooha be bahambini. （《辟妄说》 施食之妄，佛氏以为念咒设供，则远近冥魂齐来赴会。夫既有地狱以禁冥魂矣，而主之者又云为地藏王菩萨，与十殿阎君矣。当听咒时，狱主开门，不分轻重，不问姓名，令其一齐争出乎，

抑挨次点名令其鱼贯有序乎，若鱼贯有序，则施食已完，名点不尽；若一齐争出，则冥主无从稽考。就使一齐得出，还令一鬼押一魂乎，抑任其飘荡使其自去自来乎，若任其飘荡自去，又复自来，冥魂无此痴蠢之理。若一鬼必押一魂，则安得许多空闲狱卒耶。）

ВФСПУБ-СПб

12.《辟释氏诸妄》（hūwašan i holo be milarabuha bithe）不分卷

[明]徐光启著，[清]佚名译，基督教著作《辟释氏诸妄》的满文译本。钞本，线装1册，计91叶。页面25×16.5厘米。满文，半叶8行，行字不等。原属伊万诺夫斯基藏品。

hūwašan i holo be milarabuha bithe tere anggala, yaya niyalma bucehe amala, terei juse omosi udu labdu bicibe, ini fayangga be, gemu emhun fayangga sembi. ai seci, terei fayangga eici hūturi be alire, eici jobolon de tušara babe fuhali salime muterengge waka bime, geli niyalma de yandume baime mutere ba akū. erebe yala emhun fayangga sembi kai. ainu tulergide bucehengge be ejen akū emhun fayangga, boode bucehengge be ejen bisire fayangga seme gisurembini. hūwašan sa geli henduhengge, enen bisirengge be ejen bisire fayangga sembi, enen akūngge be ejen akū emhun fayangga sehebi. tuttu oci, keo lai gung, wang hiyoo siyan, deng be doo i jergi niyalma de gemu enen akū bucehengge kai. tesei fayangga be gemu ejen akū emhun fayangga seci ombio. banjire niyalmai fayangga i jugūn, bucehe niyalmai fayangga i jugūn encu bicibe, bucehe niyalmai fayangga gemu emhun akūngge akū. cang ping bade emu inenggi de dehi tumen niyalma bucehe seme, tenteke bucehe ursei fayangga mujilen banin be sahangge bicibe, bireme gemu emhun fayangga inu.（《辟释氏诸妄》[鬼魂皆孤]且人死虽子孙满前，其魂自孤，福也、祸也，总由不得自己，又求不得他人，是谓无主孤魂。岂可以客死者为无主，以家死者为有主乎？季札所谓魂气无不之者，何谓乎。又以有后者为有主，无后者为无主。寇莱公、王孝先、邓伯道辈皆无子，皆无主孤魂乎？魂与人生死异路，原无不孤之魂。虽长平四十万，一日皆死之魂，亦自家心性自家知耳，总是

孤魂。）

13.※《基督秘密》（isus heristos i narhūn somishūn）不分卷

［清］佚名辑，基督教术语工具书。钞本，线装 1 册，计 13 叶。
页面 20×17 厘米。满汉俄合璧，半叶满、汉、俄文各 6—8 行。封面
阙。部分汉字右侧书满文 hū "怙"、bo "驳"、yen "掩" 和 yu "于" 等
满文标音。内附《真福八端》[①]（unenggi hūturi jakūn hacin）。

unenggi hūturi jakūn hacin　ferguwecuke yadarangge, teni unenggi
hūturi tere emgeri abkai ninggun i gurun be bahame ofi kai, sain nomhon
ojorakūngge, teni unenggi hūturi, tere bade elhe ojoro be bahara hamika
ofi kai, soksime[②] songgorongge teni unenggi hūturi, tere kesi alire hamika
ofi kai, urure kaisara gese jurgan de amuran ningge, teni unenggi hūturi
tere elgiyen tumin i jeku bahara hamika ofi kai, šeri seme gosirengge,
teni unenggi hūturi, tere beyebe ser seme nonggire be alire kai, mujilen
bolgo ojorongge, teni unenggi hūturi, tere abkai ejen be sabure hamika
ofi kai, hūwaliyasun ojorongge, teni unenggi hūturi, tere abkai ejen i
jui ojoro hamika ofi kai, jurgan i jalin oitoburengge, teni unenggi hūturi
tere abkai ninggu gurun be bahame ofi kai.（《真福八端》 神贫者乃真
福为其已得天上国也，良善者乃真福为其将得安土也，泣涕者乃真福
为其将受慰也，嗜义如饥渴者乃真福为其将得饱饶也，哀矜者乃真福
为其将蒙哀矜己也，心净者乃真福为其将得见天主也，和睦者乃真福
为其将谓天主之子也，为义而被穷难者乃真福为其已得天上国也。）

akū oho niyalma be bururengge, умершие погребений, 葬处者；
enduri i nadan hacin, седьмой духовных, 神之七端；sain i niyalma
be huwekiyebumbi, смилуемся добротой советовавших, 以善劝人；
mentuhun dulba ningge be neileme tacibumbi, неумелые учатся, 启
诲愚蒙；jobošorakūngge be tohorombumbi, печаляшихся утешат, 慰

---

①　原文《真福八端》讹作《真福九端》。

②　原文讹作 suksime。

忧者；endebuku ufaracun bisire urse isebumbi，непреднамеренных право-
нарушителей осуждать，责有过失者；beyebe oihorilarangge be gu-
webumbi，оскорбивших себя прошали，赦侮我者。

ИВР РАН-СПб

14.※《教义问答》（tacihiyan i fonjire i jabun）不分卷

［萄］傅汎际译，基督教著作《天主教要·信经》（abka ejen i
tacihiyan i hešen bithe · akdaci acara nomun）的满文节译本，满文又
题作 tacihiyan i jurgan de fonjin jai jabun "教义问与答"。钞本，线装
1 册，计 4 叶。页面 22.7×16 厘米。满文，半叶 11—13 行。封面阙，
残损严重。

tacihiyan i fonjire i jabun akdambi serengge ai, akdambi serengge
uthai unenggi gūnin i ewanggilieon de daharangge inu, ere fuyen① doro
be ya bithe de ulahabi julgei enduringge niyalma jai yesu enduringge
sabisa i araha bithe be baktambuha enduringge nomun de ulahabi, geli
akdaci acara nomun de šošohobi, akdaci acara nomun i gisun bi, abka
a, jai eiten sabura saburakū jaka be banjibuha, salifi kadalara abkai ejen
ama emke be akdambi, bi jalan fon bisire onggolo abkai ejen ama de
damu emke abkai ejen i jui yesu heristos banjiha, musei ejen inu ban-
jiha be akdambi.（《教义问答》 信者为何，信即亦诚心遵循福音。何
书传这福音道，先圣人再耶稣之门徒著书收入圣经传授，又信合经成
集，信赖合经言：我信唯一的天主，全能的圣父，天地万物，无论
有形无形，都是他所创造的。我信唯一的主、耶稣基督、天主的独生
子。他在万世之前，由圣父所生。他是出自天主的天主。）

ИВР РАН-СПб

15.《犹大国列王纪》（yudas gurun i wang sai nonggime šošohon
nomun i bithe）不分卷

［清］佚名译，希伯来圣经《列王记》（※geren wang sai i bithe）
的满文译本。钞本，线装，存 1 册。页面 34×23.5 厘米。满汉合璧，

---

① 原文讹作 uyen。

半叶满、汉文各 5 行。原属布罗塞藏品。

yudas gurun i wang sai nonggime šošohon nomun i bithe yudas gurun i wang sai nonggime šošohon nomun i bithe ujuci debtelin i fejergi juwan ilaci fiyelen, daweit ememu minggan ememu tanggū cooha i dasa jai geren ambasa be hebe i deyen de solifi acaha, israyel gurun i hafasa de hendume, aika mini gisun suweni gūnin de acanafi, geli muse abkai ejen i hese bici be israyel gurun ai ai bade tehe meni ahūta deote hoton i tule bisire wecen i da leweidasai baru niyalma be unggifi, cembe yerusaleme de isabukini, gemu enduringge guise be ubade gurinjikini, saūl i fonde terebe asuru hargašahakū sehe, ere gisun geren de icangga ofi, tuttu jabume esi gisun i songkoi yabuci sehe, ede daweit abkai ejen i guise be kariyatiyarim ci gurinere turgun esido ba i sihūr birgan ci emat i duka de isitala.（《犹大国列王纪》 如达国众王经尾增的总纲，第十三篇，达味请了千百二总商议，望将军并依斯拉耶耳国聚的众人说，若我的话合你们的心，又有我们主陡斯的旨意，我们望依斯拉耶耳国各方住的我们的弟兄，城外有的诸祭首，肋未的众子孙，叫他们全到我们这里，我们一起把圣柜挪进日露撒冷，本撒乌耳时我们不多瞻仰，众人答应很是，他们内没有一个不服，达味的话故多说很是，因此达味从厄日多的西割耳到厄玛得边界。）

ИВР РАН-СПб

16.《基督生平》（abka ejen wasinjime banjiha gisun yabun be ejehe bithe）不分卷

［清］佚名辑，基督教著作《吾主耶稣基督新约圣书·路加福音》（musei ejen isus heristos i tutabuha ice hese · enduringge ewanggilieon luka i ulaha songkoi）的满文节译本。残钞本，存 1 册，计 22 叶。页面 26.5 × 15.5 厘米。满文，半叶 8 行，小字双行。封面处书满文题名，残损严重。原属列昂季耶夫斯基藏品。

abka ejen wasinjime banjiha gisun yabun be ejehe bithe enduringge eme abkai ejen i wasinjifi ini beye de biki sehe hese be alime gaihangge. tere fonde, da wei sere gurun i wang ni uksura de emu sargan jui, ejen

i kesi ma lii ya sere gebu buhe, na dza le i bade tehebi, gūnin girkūme abkai
ejen be gingguleme uilembi, beyede hacinggai erdemu yongkiyahabi,
abkai ejen beye wasinjime banjiki seme, daci terebe ejen obume sonjohobi,
ede wesihun jergi abkai enduri giyan bi e el be takūrafi hargašame
boolanabuha, abkai enduri i gisun, ya u, ma lii ya, enduringgei doshon be
jalu alihangge, ejen sinde emgilehebi, hehesi, dolo sini beye yargiyan
ambula hūturingga sehebe[①], ma lii ya gaitai donjifi, mujilen de goloro
dade dere de duksembi, abkai enduri geli alame, ma lii ya ume olhoro,
kesi de dergi ejen i hūturi doshon be baha, sini beye de bifi, enduringgei
jui be banjihade, terei gebu be ye su seme tukiye, yargiyan i abkai ejen
i jui, dergi ejen terebe da wei i soorin de tebufi, jalan jalan i ejen obumbi,
terei gurun be jalan jalan de isibumbi.(《基督生平》 天使加百列奉神
的差遣，往加利利的一座城去，这城名叫拿撒勒。到一个女孩那里，
女孩的名字叫玛利亚。天使进去，对她说，蒙大恩的女子，我问你
安，主和你同在了。玛利亚因这话就很惊慌，又反复思想这样问安是
什么意思。天使对她说，玛利亚不要怕。你在神面前已经蒙恩了。你
要怀孕生子可以给他起名叫耶稣。他要为大，称为至高者的儿子。主
神要把他祖大卫的位给他。他要做雅各家的王，直到永远。他的国也
没有穷尽。)

ИВР РАН-СПб

17.《轻世金书》(jalan be weihukelere aisin i bithe)不分卷

［葡］阳玛诺（Emmanuel Diaz, 1574—1659）著，［清］佚名译，
基督教著作《轻世金书》的满文译本。钞本，毛装 7 册。页面 28×21
厘米。白口，四周双边。满汉合璧，半叶满、汉文各 5 行。封面阙。

jalan be weihukelere aisin i bithe jalan be weihukelere aisin i
bithe ajige yarun, antaha ere bithei sibiya be sabufi sesulame hendume,
jalan i arbun i micihiyan eberi be niyalma butu farhūn waka oci yooni
sambi. agu ere ubaliyambuhangge aika untuhuri facihiyašarangge

---

① 原文讹作 sahebe。

wakao, jabume jalan i arbun micihiyan eberi sehengge mujangga damu fafuršame yendeme muterengge giyanakū udu enduringgei nomun de henduhengge, geren niyalma wacihiyame gidabufi, sure fayangga i yasa gemu sohiha. beye i yabun be getukeleki seme ererengge komso seheo, uttu oci mini ere ubaliyambuhangge cohome fi jafafi to ma sere amba gebungge saisai bithe be alhūdame, terei giyan be jakanjame tucibuki serengge, aiseme untuhuri facihiyašambi sembini, aika ere bithe be sibkime tuwahade genggiyen ulhisu gaitai šuwe neibufi hairan buyen holhonde deribume ajabufi, jalan i ehe be tengkime same ofi tuttu jalan be weihukelembi, sere gūnin gaiha, jai erebe hūlhade boobai jakai nemu feteme baha adali, wesihuleme ofi tuttu geli aisin bithe seme gebu araha, sibkime tuwahai eimederakū oci, yadahūn niyalma gaitai bayaka adali ojoro be dahame, gūwa bithe be labdu baire be baiburakū ombi, uheri duin debtelin obume šošofi, uthai julesi jorikū i adali, niyalma de jalan i jugūn be tašarame yabure de isinarakū okini seme tuwabuha. (《轻世金书》《轻世金书》小引，客瞥书额，讶曰世态谬劣，人匪晻暧金知。先生译兹，毋乃虚营，答曰世谬诚然，克振拔者几，圣经云，众人竞败，灵目悉眛，鲜哉冀明厥行，拒云虚营。几欲操觚，获笃玛大贤书，诊缕厥理。若玩兹书，明悟顿启，爱欲翛发。洞世丑，曰"轻世"，且读贵若宝矿。亦曰"金书"。玩而弗戮，贫儿暴富，无庸搜广籍也。统括四卷，若针南指，示人游世弗舛。)

ВФСПУБ-СПб

18.《尊主圣范》（iesu be alhūdara bithe）不分卷

［俄］克木皮斯基（Thomas von Kempens, 1380—1471）著，基督教著作《尊主圣范》的满文译本，汉文为葡萄牙传教士阳玛诺于崇德五年（1640 年）在中国期间所译。钞本，线装，存 5 册。页面 28.5×26 厘米。满文，半叶 8—9 行。原属列昂季耶夫斯基藏品。

iesu be alhūdara bithe julgei enduringgesei yabuhangge, juwan jakūci fiyelen, si julgei enduringgesei genggiyen yabun be tuwa, ese serengge, uthai doro be dasara ursebe yarure iletuleme durun tuwakū oho bihengge inu kai, erebe tuwahade musei yaburengge be eiten seme dabuci ojorakū be getukeleme saci ombidere, yala musei emu jalgan i yabun be esei yabuha de duibuleci, geli ai jergilere babini. enduring-gese ye su i gucu ofi, urume kangkame, beyeme niohušuleme, hūsun mohotolo weileme, šadame amgara be waliyame jetere be targame, baime jalbarire be goidabume enduringge doro be emdubei seoleme gūnime, ai hacin i jobolon girucun be cihanggai alime, [abkai ejen be uilehe bihe].(《尊主圣范》第十八章 你瞻仰圣教父的榜样，知道了他们真完美的宗教心，就可以看出我们所作的是如何微小，几乎是零。唉，我们的生活，若与他们的相比，可算什么呢？基督的那些圣徒和朋友，在事奉主时又饥又渴，赤身受冻，劳力困倦，守夜禁食，祷告默想，并多受逼迫凌辱瞻仰天主。)

ИВР РАН-СПб

19.*※《亚当夏娃论》(adama efa i leolen)不分卷

[清] 佚名辑，基督教故事合辑。钞本，线装1册，计66叶。页面26×17厘米。首篇文章2页，讲述亚当夏娃的故事，末尾书 doro eldengge juwan duici① aniya omšon biya ice uyun ci ubaliyambume "自道光十四年（1834年）十一月初九日始译"。满文，半叶11行。后为不同种类的文章合辑，满汉合璧，半叶满文5—6行，汉文5行。

adama efa i leolen □□ henduhengge, damu adama efa haha hehe serengge tuktan banjiha juwe ikengge niyalma tumen jaka i dolo sultungga ferguwecuke ceni cisui teisu teile bahafi esei banin ulhisu enduringge salgabuhangge abkai adali ofi endeheme bucerakū ombihe, na de bisire jaka be gemu cihai baitalabumbi abka ere juwe niyalma de umesi elhe elgiyen i tehe babe eici piyerseye gurun eici tigeris afarata juwe birai eyen i bade bisu seme salgabume toktobuha adama efa be tere bade alibume fafulahangge geren moo i tubihe gemu baitalaci ombi.(《亚当夏娃论》□□人言，仅存亚当一男、夏娃一女，初生二人为万物中灵慧神奇

---

① 原文讹作 tuici。

者，神赋予他们聪明灵慧的天性，让他们和天一样永生，任其用地上之物，天让此二人居于非常安康丰饶的住所，使他们定居在或是波斯国，或是底格里斯、幼发拉底二河流域，禁止亚当夏娃用众树的果子。）

ИВР РАН-СПб

俄罗斯满文基督类文献数量丰富但孤本较少，藏于其他国家的稀缺版本和因文种不同而产生的其他版本较多。天主教的中心在梵蒂冈与意大利，东正教的中心则位于希腊和俄罗斯。俄罗斯并非最早向中国派遣传教士的国家，基督类文献满文译本亦非出自俄罗斯来华人员之手，然而俄罗斯满文基督类文献数量位居欧洲国家首位未免让人匪夷所思。清朝初年，传教士受西方教会委派来到中国，因传播基督教教义而编撰大量文献。无论基督类文献以何种初始文字形成，其多经满文译为汉文或译为西文。17 世纪初至 20 世纪，共有 18 届"俄罗斯东正教驻北京传教团"来到中国。19 世纪中期以前，俄罗斯传教士刻意淡化其与天主教教派差异，并维持与其的和睦关系，在获取中国文化信息、汉学研究和宗教文献翻译等方面利用天主教教派的影响和经验（肖玉秋，2007），其在中国期间多利用天主教传教士汉学研究成果，亦是俄罗斯满文基督类文献数量丰富的主要原因。发生于康熙朝的"中西礼仪之争"及雍正朝的"穆敬远案"和"苏努案"使得外籍传教士的传教活动被严格限制，翻译刊刻相关文献亦被视为非法。这批文献多散失海外而较为珍稀。

六 文学类

文学类属于集部，所收为历代作家一人或多人的散文、骈文、诗、词、散曲等的集子和文学评论、戏剧、小说等著作（赵国璋、潘树广，2005：982）。《隋书·经籍志》集部类序云"班固有《诗赋略》，凡五种，今引而伸之，合为三种，谓之集部"。《续修四库全书总目提要》集部分类为楚辞、别集、总集、诗文评和词曲5类。俄罗斯满文文学类文献共81种，其中珍稀文献36种。

1.*※《满蒙历史通俗读本》（manju monggo i ulabun i bithe）不分卷

〔清〕佚名辑，儿童读物，内容涉及汉族、满族和蒙古族历史故事。同治十二年（1873年）[1]写本，线装1册，计17叶。页面25×12.5厘米。满文，半叶8行。末叶书满文、蒙古文 yooningga dasan i juwan juweci aniya jorgon biyai juwan ilan i yooni susultungga sain inenggi de arga šanggabufi hiyalahabi, ineku inenggi serengge sahahūn coko aniyai niolhun sain inenggi de wacihiyahabi / bürindü ǰasaγči in arban qoyaduγar ün ebül on segül sarain arban γorbana bürine tegülder sain edür tür tegüsgeged tüskečüküi. mün kü edür kemekü anu eregčin taqiya ǰilun kei muri delgeregsen sain edür tur daγusku "同治十二年吉日完成，本日癸酉年的正月十六日成"。

manju monggo i ulabun i bithe　sirame araha han gurun ci ulaha, teniken[2] tacire juse de ulhibure bithei sioi, manju monggo gurun i ulabun

---

① 俄罗斯科学院东方文献研究所著录年代作"乾隆四十五年（1780年）"。

② 原文讹作 tenihen。

bithe. han i araha juwe gisun kimcibuha sioi tacin šu i bithe tuwara de ya obuha bithe serengge mini ama ging jai gung beye obume banjibume arahangge, ainci monggo bithe manju bithe de adali akū, manju hergen de tongki fuka bifi, ya i takabumbi, monggo hergen oci umai tongki fuka i ilgabun akū dade embici geli araci uttu hūlaci tuttu, jai mudan adali gojime hergen encu ba bisire jakade, hūlara arara urse urui firumbumbi. (《满蒙历史通俗读本》 续写自汉始，孺子小儿书序。满洲蒙古传书。御制二语合璧易读文学书序。家父敬齐公亲自写成，或者不像蒙古文、满文，满文有圈点，都识得，蒙古文全无圈点区分，或者又所写即所读，因此两者音调像，只是文字不同，因此众人均能正确读写。)

ИВР РАН-СПб

2.*《大清国日本国共战书》(daicing gurun ži ben gurun i emgi afaha bithe）不分卷

［清］佚名辑，不同种类故事的合辑。光绪二十五年（1899 年）写本，线装 1 册，计 11 叶。页面 19.8×17.5 厘米。满文，半叶 15 行。封面中间书满文题名。原属格列宾希科夫藏品。

daicing gurun ži ben gurun i emgi afaha bithe tereci girin ci jurafi juwan hamišara ba i dubede emu dabagan bi, wesime wasirengge ninggun ba bi dergi de ilibuha nenehe sefu kungdzi i miyoo emu falan ilan giyalan. juktehen bi weilehengge umesi bolgo gincihiyan tuwaha, urse ele gungnecuke jalbarin akūmbure jukten jalbarime ererengge.(《大清国日本国共战书》 自此一带启程近十里末有一山岭。周边六里立有先师孔子庙一院三间，庙宇建筑非常整洁华丽，众人愈发恭敬竭诚祭祀祷告。)

ИВР РАН-СПб

3.*《尼山萨满书》(nišan saman i bithe）二卷

［清］佚名辑，光绪三十四年（1908 年）写本，线装 2 册，封面书满文题名、卷数、满汉文人名 li tu šan “里图善”，首册末叶书满文 gehungge yoso sucungga aniya juwe biya i orin emu de arame wajiha bithe “成于宣统元年二月二十一日”，第 2 册封面另书满文 temcin i bithe inu "同为特木钦书"，末叶书 gehungge yoso sucungga aniya ninggun biya i orin nadan inenggi arame wajiha bithe "书于宣统元年六月二十七日"。页面 21.8×17 厘米。满文，半叶 12 行。原由格列宾希科夫搜集于黑龙江流域村落，后入藏俄罗斯科学院东方文献研究所。

nišan saman i bithe julgei jing gurun i forgon de lolo gašan de tehe emu bayan niyalma bihebi. gebu be baldubayan sembi. bayan wesihun duin mederi de durgeke ulaha ujime alin bigan elen de jalukabi, bayan eigen be gisurereci tulgiyen booi dolo takūršara ahasi gūsin funcembi, erei dolo sure sektu banjiha ahaljin bahaljin sere juwe aha bi. ere be oci baldubayan jui adali gosime ujimbi. damu baldubayan eigen sargan orin sunja sede isinafi hahajui banjiha huhuri gebu be serguwedai fiyanggo sene gebulehe juwan sede isinafi nimeme akū oho uttu ofi baldubayan eigen sargan inenggi dobori akū abka de hiyan dabume hūturi be baime akū hafirahūn urse de ulin jiha bume sain be yabume jalafun be iktambume gūsin sunja sede isinafi geli emu haha jui banjiha ineku serguwedai fiyanggo seme gebulehe nadan sede isinaha manggi sain sefu be solifi bithe be tacibumbi, geli coohai erdemu gabtan niyamniyan be urebufi.（《尼山萨满书》 古金国的时候，在一个罗洛村里住着一个名叫巴尔杜巴颜的员外，他富有四海，家中的财富像山一样堆积，可供差遣的奴仆超过三十人。其中生得聪明伶俐的有阿哈尔吉和巴哈尔吉两个人，巴尔杜巴颜员外视为己出，十分疼爱。巴尔杜巴颜员外夫妇到了二十五岁那年，生了一个儿子，给其取名色尔衮岱费扬古。孩子到了十岁时，无病无灾，因此巴尔杜巴颜员外夫妇日夜烧香求福，向佛求恩，修缮庙宇，对神祈祷。到了三十五岁那年，又得一子。色尔衮岱费扬古七岁时，巴尔杜巴颜员外夫妇选了一个好师傅为其教书，并让他勤习武艺。）

ИВР РАН-СПб

4.《二十四孝故事》(orin duin hiyoošungga i juben) 不分卷

［元］郭守正辑，［清］佚名译，《二十四孝图说》(※orin duin hiyoošungga i nirugan) 故事满文节译本。写本，线装 1 册，计 17

叶。页面 23×10.5 厘米。满文，半叶 7 行。含《孝感动天》(hiyoošun abka be acinggiyabuhangge)、《啮指痛心》(simhun be saifi niyaman nimeburengge)、《芦衣顺母》(niyere etuku etufi eme de acaburengge)、《百里负米》(niyaman i jalin bele unurangge)、《戏彩娱亲》(boconggo etuku etufi efime niyaman be sebjeleburengge)、《鹿乳奉亲》(buhū i sun be gaifi niyaman be uleburengge)、《卖身葬父》(beyebe uncafi ama be umbuhangge)、《行佣供母》(hūsun tucime eme uleburengge)、《涌泉跃鲤》(jolhoro šeri de mujuhu godorongge①)、《刻木事亲》(moo urun be folofi niyaman arame uilerengge)、《埋儿奉母》(emei jalin jui uncaburengge)、《扼虎救父》(tasha be hahūrame ama aituburengge)、《拾葚异器》(nimalan i use be gaifi niyaman de uleburengge)、《怀橘遗亲》(jancuhūn jofohori hefeliyefi niyaman de beneburengge)、《闻雷泣墓》(akjan be donjime eifu de songgorongge)、《哭竹生笋》(cuse moo be songgoci arsun be banjinarangge)、《卧冰求鲤》(juhe de dedufi mujuhu be baihangge)、《恣蚊饱血》(galman i cihai guweburengge)、《尝粪忧心》(hamu be amtalafi mujilen jobošorongge)、《乳姑不怠》(emeke de huhubume heolederakūngge)、《涤亲溺器》(niman i sike tetun be oborongge)和《弃官寻母》(hafan be waliyafi eniye be baihanahangge)，计 22 篇。原属戈什克温藏品。

orin duin hiyoošungga i juben · hiyoošun abka be acinggiyabuhangge
ioi gurun, šūn han, hala yoo, gebu cung huwa, gu seoi jui inu, banin umesi hiyoošun, ama mentuhun, eme oshon, deo siyang cokto, šūn han lii šan alin de tarire de sufan terei funde tarire, gasha terei funde yangsalara, terei hiyoošun i acinggiyabuhangge uttu, birai dalin de tetun deijire de tetun jaka fiyerenengge akū, lei je de nimaha butara de, ehe edun akjan aga seme fambuhakūbi, undu hūsun mohotolo suilame jobocibe, umai gasara korsoro i mujilen akū be, yoo han donjifi, uyun haha jui be uilebume, juwe sargan jui be sargan obume buhe, yoo han de aisilara orin jakūn aniya oho manggi, han tereci soorin be anabuhabi, bakcin bakcin i usin

---

① 原文讹作 godurongge。

be tarire sufan, der seme orho be yangsara gasha, yoo han be sirame boobai soorin de tehe, hiyoošulafi abkai gūnin be acinggiyabuha.(《二十四孝故事·孝感动天》 虞舜，瞽瞍之子，性至孝。父顽，母嚚，弟象傲。舜耕于历山，有象为之耕，鸟为之耘。其孝感如此。帝尧闻之，事以九男，妻以二女，遂以天下让焉。队队春耕象，纷纷耘草禽。嗣尧登宝位，孝感动天心。)

ИВР РАН-СПб

5.《三坛谢降祝文》(ilan mukdehun de karulara doroi wecere wecen i bithe) 一卷

[清] 佚名辑，天子祭祀感谢降雨的祝文。写本，线装 1 册，计 6 叶。页面 22.5×9.5 厘米。满汉文，满文 4 叶，每叶 4—6 行，汉文 2 叶，每叶 6—7 行。首叶书满文题名，末叶为对应汉文题名。原属布罗塞藏品。

ilan mukdehun de karulara doroi wecere wecen i bithe bi gingguleme dergi abkai kesi be alifi, irgen i banjire be hing seme gūnime ofi, aniyai jeku ijishūn i šanggara be kiceme, aga fiyakiyan erin de acabure be erembi, jakan juwari ten i ucuri, aga baire gūnin hing seme ofi, ududu mudan bolgomime targafi, sahaliyan muduri juce de genefi jalbarime baiha bime, geli bolgo dobori dobome ilan mukdehun de gingguleme baime wecehe, erun be jilame weilengge urse be jergi eberembume icihiyabume, nenehe kooli be gūnime gingguleme dahame yabuki seme be tucibume. dahūn dahūn i baire jakade enduri aisime, mini hing sere gūnin be bulekušefi, suneme tulhušefi akjan akjame edun i ici sor seme agaha tereci erin aga bahafi, usin dehen de bireme akūnaha ferguwecuke simen dafi, hacingga jeku gemu ler seme mutuha.(《三坛谢降祝文》 朕敬承昊眷，勤恤民依。冀时序之顺成，期雨旸之咸若。比以候当迎暑，念切祈膏斋心。屡祷于灵湫，禋事肃将夫崇墠，慎刑章而修省，怀成宪以凛遵。特展予衷，敢致再三之请；竟邀神贶，鉴兹专一之诚。云阴送雷鼓以传声，雨势随风轮而洒润。快滋生于夏假，入夜飞甘协长。眷于南讹，崇朝布泽。渥优均被，酬报宜隆。)

ИВР РАН-СПб

6.《定孝文庙乐舞诏》（hiyoo wen di juktehen i kumun maksin be toktobume wasimbuha selgiyere hese）不分卷

［清］徐乾学（1631—1694）等编注，文学总集《古文渊鉴》（guwen yuwan giyan bithe）中《定孝文庙乐舞诏》的满文译本。康熙年间钞本，线装 1 册，计 28 叶。页面 24×14 厘米。满汉合璧，半叶满、汉文各 5 行。部分汉译旁书注释。原书归入历史类（М. П. Волкова，1965：44）。原属格列宾希科夫藏品。

hiyoo wen di juktehen i kumun maksin be toktobume wasimbuha selgiyere hese　donjici julge gungge bisirengge be mafa obumbi, erdemungge be da arambi sehebi, dorolon kumun be toktobure de gemu turgun bi, ucun serengge erdemu be selgiyerengge, maksin serengge, gungge be iletulerengge, g'ao dzu han i juktehen de jeo nure i wececi, u de wen ši u hing sere maksin be deribumbi, hiyoo hūi di han i juktehen de jeo nure i wececi, wen ši u hing sere maksin be deribumbi, hiyo wen hūwangdi abkai fejergi de enggelefi, furdan dogon be hafumbume goroki baingge be ilgahakū, ehecure wakašara fafun be waliyafi yali erun be nakabuha, ungga sakda de šangname bume emhun umudu be bargiyatame gosime, geren ergengge de banjire.（《定孝文庙乐舞诏》 盖闻古者祖有功而宗有德，制礼乐，各有由。歌者，所以发德也；舞者，所以明功也。高庙酎，奏武德［高祖所作］、文始［舜舞］、五行［周舞］之舞，孝惠庙酎，奏文始、五行之舞。孝文皇帝临天下，通关梁，不异远方，除诽谤，去肉刑，赏赐长老，收恤孤独，以遂群生。）

ИВР РАН-СПб

7.*《京城风貌》（gemulehe ba i arbun dursun）不分卷

［清］佚名辑，中国山川名胜地理介绍。道光二年（1822 年）钞本，线装 1 册，计 142 叶。页面 26×18.6 厘米。满文，半叶 8 行。封面中间书俄文题名 Описание Пекина "京城介绍"，右上存白色贴纸，上书满文题名 gemulehe ba i arbun dursun "京城风貌"。原属布罗塞藏品。

gemulehe ba i arbun dursun yan i ba serengge, yala daliha giyalabuha dorgi emu šošohon i ba, julergi ergi oci ci ba joo i ba de hafunambi, dergi amargi ergi oci dergi alin de nikenefi liyoo dung ni bade adahabi, amargi ergi oci, u hūwan, fu ioi i bade jecen acahabi, dergi ergi oci, hoi g'o, coo hiyan, jeng fan i ba i aisi de akdahabi. □□ alin serengge, siren simen yūn jung ni baci jihebi, julergi de hūwang ho bira šurdeme kūwaraha, tai šan alin i hashū ici ergi i □□ alin.（《京城风貌》 夫燕亦勃、碣之间一都会也。南通齐、赵，东北边胡，上谷至辽东，北邻乌桓、夫余，东借秽貉、朝鲜、真番之利。□□山等山脉养分从云中之地来，南有黄河环绕，泰山左右□□山。）

ИВР РАН-СПб

8.*《三国之歌》（ilan gurun i ucun bithe）不分卷

［清］佚名辑，《三国演义》（ilan gurun i bithe）第六十六回"关云长单刀赴会，伏皇后为国捐生"的满文选译本，又题《颂关公单刀赴会》。光绪二十九年三月初六日（1903 年 4 月 3 日）钞本，线装 1 册，计 19 叶。页面 22×18 厘米。满文，半叶 10 行。封面处书满文题名。俄罗斯驻中国伊犁领事馆满语教师巴里善得于光绪二十四年（1898 年）。实为锡伯族叙事诗《荞麦花开》（长山、季永海，2015）。原属克罗特阔夫藏品。

ilan gurun i ucun bithe mere ilha ilhanambi, mergen urse temšen dulembi, mentuhun ningge gemu gukufi, mekterengge ishunde hiracambi, ilan gurun der seme dekdefi, toso buraki tucime ishunde sujanduha, kesi akū irgese be seci, loho gida i dubede kokirame susunduha, dergi u bai sunciowan hiowande i gemulehe si cuwan jalingga ts'oo ts'oo jung yuwan seci, ishunde temšerengge jing jeo i dung cuwan.（《三国之歌》 荞麦之花迎风开放，各路英豪恃强争锋，昏聩之流其亡也忽，能者割地鼎足相邻。三国诸侯趁势兴起，剑戟对峙烟硝弥漫；可怜无福莘莘黎民，命悬刀锋四散避乱。东吴孙权割据东南，西蜀玄德定都西川，魏武曹操雄霸中原，荆州迎面虎视眈眈。）

ИВР РАН-СПб

9.*《大清国喀什噶尔歌》（daicing guruni kašigar ucuni bithe）不分卷

[清]佚名辑，[清]佚名译，记录屯垦戍边锡伯官兵日常生活的新疆民歌。光绪二十九年（1903年）钞本，线装1册，计10叶。页面22.5×18厘米。满文，半叶14行。封面阙。原属克罗特阔夫藏品。

daicing guruni kašigar ucuni bithe　hanci adaki niyamangga sargan juse jifi tesure sargan jui de acame fudefi genembi, sargan jui be sejen de tebure de dobori juwan juwe jungken i amala sonjoho erinde isinaha manggi, sejen de tebure de sisehe ninggun de tebufi juwe niyalma tukiyembi, sejen de tebumbi sargan jui dancan ci geli emu sargan jui adabumbi, hojihon morin yalufi sejen i juleri yabumbi sejen i juwe dalbade juwe niyalma loho beri niru lashafi yabumbi, boode isinaha manggi ilan miyoocan sindame okdofi sejen be urgun i enduri de forome ilibumbi ere booningge kūwaran de emu deretu sindafi, terei ninggun de ninggun moro① suki sindafi hiyan ašumbi.（《大清国喀什噶尔歌》　近邻成姻亲，嫁女娶妇，送新妇。迎新妇入车轿，夜半十二时，择吉时刻，车中放六绽，二人抬车轿，车中为新妇。娘家再嫁一女，女婿骑马行车前，车旁有两人，折断刀与弓随行。到新房后放三枪迎接，将车迎着喜神方向立住，房里院中置一长桌，饮尽六碗后满口含香。）

ИВР РАН-СПб

10.*《父母之恩》（ama eme i baili）不分卷

[清]佚名辑，探讨孝道、感恩文章合辑，计19篇。光绪三十四年（1908年）钞本，线装1册，计36叶。页面22.5×21厘米。满文，半叶10行。仅存首篇，封面书满文题名与篇目 ama eme i baili·uju fiyelen "父母之恩·首篇"。原属格列宾希科夫藏品。

ama eme i baili　ama eme i baili uju fiyelen; abkai i baili jai fiyelen; na i baili ilaci fiyelen; ejen i baili duici fiyelen; sefu i baili sunjaci fiyelen; ufa jabun i oyonggo hiyoošun ningguci fiyelen; deocin i nadaci fiyelen;

---

① 原文讹作 muro。

tondo i jakūci fiyelen; akdun i uyuci fiyelen; dorolon i juwanci fiyelen; jurgan i juwan emuci fiyelen; elcin i juwan juweci fiyelen; girutu i baili juwan ilaci fiyelen; malhūn i juwan duici fiyelen; erdemu i tofohoci fiyelen; duin targacun [①] i dorgi ergi nure i juwan ningguci fiyelen; boco i juwan nadaci fiyelen; ulin i juwan jakūci fiyelen; jili i juwan uyuci fiyelen. (《父母之恩》 父母之恩首篇；天恩第二篇；地恩第三篇；君（恩）第四篇；师恩第五篇；首善之孝（恩）第六篇；悌（恩）第七篇；忠（恩）第八篇；笃（恩）第九篇；礼（恩）第十篇；义（恩）第十一篇；使（恩）第十二篇；羞恩第十三篇；俭（恩）第十四篇；德（恩）第十五篇；四戒酒第十六篇；颜（恩）第十七篇；财（恩）第十八篇；怒（恩）第十九篇。）

ИВР РАН-СПб

11.*《古圣歌书》（julgei enduringge ucuni bithe）不分卷

［清］佚名辑，［清］佚名译，举行婚礼的唱词。宣统元年（1909年）钞本，线装 1 册，计 13 叶。页面 22.5×22 厘米。满文，上下两栏，半叶 11 行。封面正中书满文 julgei enduringge ucuni bithe damu emu debtelin "古圣歌书仅一卷"，右侧书满文 šeociowan i ningge "首卷"。原属格列宾希科夫藏品。

julgei enduringge ucuni bithe abkai kesi sembi, obume silgiyame gaimbi, emei beye seci, usihiyen bade bimbi, juwan biya hefeliyembi, tanggū jobolon be alinumbi, ilan aniya gelhun, tunggen i huhun be jembi, ajigen ci ujime gaimbi, halara beyere be tuwambi, suilara be gūnirakū, hūwašara be gūninjambi, jui i arbun be tuwaci, tacibure ici be baimbi, jui de muru bici, sain be tacibuci ombi, ama eme tacibumbi, jui de ulhibumbi, ama eniyei gisun be oci, saikan i ejen sembi, sain jurgan be saci, ginggun hiyoošun i banji. (《古圣歌书》 何为天恩，洗漱而得。母体有孕，居于湿地，十月怀胎，千百忧虑，三年含乳。自幼恩养，盼吾成长。不辞劳苦，唯望功成。观子之貌，求教新知。儿有

---

① 原文讹作 targacūn。

道，教导佳。父母教，儿知晓。爷娘语，如圣言。知忠义，孝敬生。）

ИВР РАН-СПб

12.*※《诗语》（irgebun i gisun）不分卷

［清］佚名辑，［清］佚名译，记录战争的诗歌。宣统元年（1909年）钞本，线装1册，计12叶。页面23×21厘米。满文，半叶11行。封面阙。原属布罗塞藏品。

irgebun i gisun fulgiyan ilha fulhurefi juwan hacin doro be tuyebumbi. niyengniyeri jime juwari be okdombi, juwari geneme bolori be amcambi. boconggo tugi sanafi tuweri be sirabumbi. te jalan i doro be genggiyeleci gungge erdemu de hafunambi.(《诗语》 红花萌发，贯穿十道；春来迎夏，夏去赶秋；彩云退过，冬日继来。今明世道，深通功德。）

ИВР РАН-СПб

13.《泷冈阡表》（lung g'ang ni eifu kūwaran de temgetulehe bithe）不分卷

［北宋］欧阳修著，［清］佚名译，祭文《泷冈阡表》的满文译本。钞本，线装1册，计21叶。页面26×17厘米。满蒙合璧，半叶满文、蒙古文各3行，封面与扉页右上方书汉文题名，扉页左上方书满文 daruhai golmishūn "稍长"、蒙古文 dangqar urtulig "稍长"，其中满文与蒙古文涂改较多，个别行间书汉文注释。原属俄罗斯皇家科学院亚洲博物馆藏品。

lung g'ang ni eifu kūwaran de temgetulehe bithe ai, mini ama cong gung, lung g'ang ni sain babe tuwaha, ninjuci aniya jui eo yang sio teni ainu kūwaran be temgetulehe, ere gelhun akū, elhešehengge waka, aliyara ba bisire turgun, eo yang sio bi kesi akū, duin se de umudu oho, eniye fu žin gashūtai jalangga be tuwakiyafi yendeme banjire de etuku jeku be faššame hūwašabume tacibume niyalma ojoro de isibuha.

lüng keng un bumba küriyen dür temdeglegsen bičig aya minü ečige cüng güng lüng keng ün kesigtü γaǰar i sinǰilegsen ǰiraduγar un, kübegün ü ǰang siü sayi bumba küriyen i temdeglebei. ene inü ayul baiǰi alɣurlači bosu, küliyekü ɣaǰar bui yin očir boyu. ü ǰang siü bi kesig ügei dürben nasutai daɣan ünüčin bulbai. Eke qatun minü amaldaqui ber ǰuriɣtai saqiɣad, ügegü be aǰu türüküi dür qubčasu idegen i čarmaiǰu, kümüǰigül ün surɣaɣsaɣar kümün boqui dur kürügülbei.

《泷冈阡表》 呜呼！惟我皇考崇公，卜吉于泷冈之六十年，其子修始克表于其阡。非敢缓也，盖有待也。修不幸，生四岁而孤。太夫人守节自誓；居穷，自力于衣食，以长以教，俾至于成人。）

ИВР РАН-СПб

14. *《关公过五关曲》（looye sunja furdan be duleke ucun）不分卷

［清］佚名著，［清］佚名译，《三国演义》典故"过五关、斩六将"的满文译本。钞本，存 1 册，8 叶。页面 22.5×17.6 厘米。满文，半叶 13 行。扉页正中书满文题名。原属克罗特阔夫藏品。

looye sunja furdan be duleke ucun　ilan gurun i fonde baturu mergen yondo yabuha jurgan be tuwaci looye beye tondo cūn ciyoo bithe be tuwaha jytu morin be baha cenghiyang i baiha de seci yan liyang wen ceo be waha kundu gūnin be tuwabu saikan boco be bibu cenghiyang i gūnin de seci looye be enteheme bibu looye ališame tembi menggun i dengjan be dabubumbi.(《关公过五关曲》 三国时期，看英雄聪慧气度，行侠仗义。关公忠正，读《春秋》，应丞相所求，得赤兔，斩颜良，杀文丑，以表敬意。丞相之心，长留关公于翼下。关公枯坐，点燃灯盏。）

ИВР РАН-СПб

15.《生花梦》（šeng hūwa meng ni bithe）十五回

［清］吴娥川主人著，［清］佚名译，清长篇白话小说《生花梦》的满文译本。钞本，线装 12 册，每册 1 回，其中第 3 回、第 9 回、第 12 回阙，前两册书俄文题名及卷数，首册正文书满文题名。页面 26.5×19 厘米。满文，半叶 10 行。

šeng hūwa meng ni bithe　šeng hūwa meng ni bithe ujui debtelin, ming gurun i fonde, ši dzung hūwangdi i forgonde, hū guwang ni hūwang g'ang hiyan i emu hiyan hūwan hala gong gebu fung lai tukiyehe gebu ming ki asiha i fonde jangši dosika bihe. amala šan si si an fu tui guwan de wesifi, gebu algin ambula sain ojoro jakade, gui jeo dao giyan ca ioi i de forgošoho, amala je giyang gin jeo deo i ciyan ši obuha, aniya jalufi geli wesimbuha manggi teni šan si lin dao fu ši hafan obuha, tušan de aniya goidafi, beye nimeku baha seme wesimbufi boo de bederehe. ama inu jangši dosifi hafan tai pu sy yamun i šoo king bihe, ere gong ming ki i boo labdu bayan akū bicibe, usin labdu kemuni hiyang hūwa sere gebu be alime gaici ombi. fu žin lio ši de banjihangge emu haha jui, emu sargan jui.(《生花梦》 生花梦第一回，明朝世宗年间，湖广黄冈县有个乡绅，姓贡，名凤来，字鸣岐，少年科甲，初任陕西西安府推官，声名正直，行取贵州道监察御史，寻升浙江金衢道金事，任满，又升山西驿盐道副使，历任多年，告病回籍。父亲也是甲科，官至太仆寺少卿。这贡鸣岐家中虽不甚富，产业也还丰厚。夫人刘氏生有一子一女。）

ИВР РАН-СПб

16.《凤凰池》（feng hūwang cy bithe）十四回

［清］烟霞散人著，［清］佚名译，清长篇白话小说《凤凰池》的满文译本。钞本，线装12册。页面26×19.5厘米。满文，半叶10行。部分册残损严重，每册封面书俄文题名及卷数。原属布罗塞藏品。

feng hūwang cy bithe boobai loho be maksire de butui araha horonggo bodohon sasa isinjiha, tereci ere inenggi yūn šeng wan šeng ni emgi siyoo sing lu de cin fitheme[①], nure omime julgei mukdeke wajika be leoleme, te i jabšaha ufaraha babe tucibume, juwe niyalma gemu wenjendure jakade, yūn šeng cing feng be hūlafi, ilhangga jiyan hoošan be tucibufi.(《凤凰池》 舞宝剑鬼谋竭计前来，从此那日，云生与万生一起于小虞岭饮酒赏梅赋诗舞剑，舞至兴处，二人皆醺醺半醉，云生诗兴勃勃，取出纸砚。）

ИВР РАН-СПб

---

① 原文讹作 fioheme。

17.《画图缘》（hūwa tu yuwan i bithe）八回

［清］月步主人著，［清］佚名译，清长篇白话小说《画图缘》的满文译本。钞本，线装 8 册。页面 31.5×21 厘米。满文，半叶 10 行。部分册缺少封面，每册扉页右上方书满文题名及卷数。

hūwa tu yuwan i bithe　hūwa tu yuwan i bithe ujui debtelin, alin i hūlha facuhūraha[①] de joo bithe wasimbufi saisa be baiha, boihon i enduri iletulefi hūlha be efulere bithe buhe. julgei taifin fonde, duin jecen gemu elhe damu juwe guwang ni ba alin dabagan haksan hafirahūn. dung holo šumin goro bime geli jugūn i den fangkala mudan wai labdu ojoro jakade terei tucire dosire be sarakū ofi tuttu dergici[②] nan šoo, wargici lio king de isitala minggan ba šurdeme alin i holo lakcarakū haksan hafirahūn ofi gemu hūlhai feye ohobi, tob julergi de emu da teng giyan holo bi, tumen alin ci haksan hafirahūn ofi gemu hūlha ejelehebi, gebu wen ho še beye amba hūsun etuhun ambula gelecuke horonggo, selei panse be baitalambi, ujen tanggū gin bi, udu minggan buya hūlha be gaifi, kemuni tucifi jeo hiyan be nungneme ts'ang ku be durime ofi, ba nai tanggū halai terei gosihon be aliha akūngge akū. (《画图缘》 画图缘第一回，别开仕路下诏求贤，巧遇仙人授图察贼，话说前朝全盛之时，四境皆安，惟两广地方，山岭险隘，峒峡深邃，况且径路高低盘曲，不能穷其出没之际。故东至南韶，西至柳庆，周遭数千里山峡连接，凡有险隘，皆为贼巢贼窟。正南上有一个大藤峡，乃万山中第一险隘之处，被一个峒贼所据。这峒贼叫瘟火蛇，生得身长力大，甚是凶恶。使一柄没齿钉耙，足有百斤之重，领着数千小贼，时时出来侵掠州县，劫夺府库。地方百姓，无不受其荼毒。）

ИВР РАН-СПб

18.《金云翘传》（gin yun kiyoo i bithe）八回

［清］青心才人著，［清］佚名译，清长篇白话小说《金云翘传》的满文译本。钞本，线装 8 册。页面 26×20 厘米。满文，半叶 10 行。

---

① 原文讹作 facukūraha。
② 原文讹作 an。

首册封面残缺，其余各册封面右上方书满文题名及卷数。原属布罗塞藏品。

gin yun kiyoo i bithe　julgei ming gurun i fonde be ging ni hoton de tehe emu iowan wai hala wang gebu liyang sung tukiyehe gebu dzi jen banin ujen nomhon bime asuru bayan akū sargan ging ši mujakū sure mergen bihebi, ging ši de banjihangge emu haha jui, juwe sargan jui, haha jui gebu wang guwan bithe tacimbi, amba sargan jui i gebu ts'ui kiyoo, jacin sargan jui i gebu ts'ui yūn ts'ui kiyoo banjihangge sunggajame saikan ts'ui yūn i banjihangge fujurungga yangsangga ts'ui kiyoo i banin daci bolho gincihiyan de amuran, ts'ui yūn i banin gulu jingji eyun non gemu ši bithe de hafukabi, ts'ui kiyoo geli kumun i mudan de amuran bime onggocon de umesi minggan bihe, non ts'ui yūn kemuni eyun be tafulame hendume kumun i mudan serengge dorgi booi baita waka tulergi niyalma i donjire de sain akū, sehe manggi, ts'ui kiyoo hendume mini sarkūngge waka, damu ede umesi amuran nakaci ojorakū be ainara kemuni nekeliyen salgabun i gasacun i ucun be banjibufi onggocon de acabume uculeme ohode mudan umesi usacuka ofi donjihale niyalma mujilen efujeme yasa muke tuheburakūngge akū, ucun i gisun.（《金云翘传》　话说明朝时期北京有一王员外，双名两松，表字子贞。为人淳笃，家计不丰。室人京氏，颇亦贤能。生子王观，学习儒业。长女翠翘，次女翠云，年俱妙龄。翠翘生得绰约风流，翠云则性甘宁淡。俱通诗赋。翠翘尤喜音律，最癖胡琴。翠云常谏道："音乐非闺中事，外人闻之不雅。"翠翘道："吾非不知，但性喜于彼，不能止也。"尝为《薄命怨》，谱入胡琴，音韵凄清，闻者泪下。曲终有云。）

　　ИВР РАН-СПб　РНБ-СПб

　　19.《醉菩提全传》（dzui pu ti i bithe）十回

　　［清］天花藏主人著，［清］佚名译，清长篇白话小说《醉菩提全传》的满文译本。钞本，线装，存7册。首册缺少封面且残损严重，书脊除书满文 emu afaha jai ci fiyelen "一折第二篇"，其余各册右上方书满文题名与卷数、中间书俄文题名与卷数。页面28.5×24厘米。

满文，半叶 10 行。原属布罗塞藏品。

dzui pu ti i bithe gidašara fusihūlara be daharakū, jing tsi sy de dosika, gosin jilan i tucibure be buyeme dzang diyan be araha. tereci ji diyan du tiye bithe be bargiyafi emu dobori dedufi jai inenggi sy i duka ci tucifi genehei be lo kiyoo de isinafi, tefi narhūšame gūnime, ere emu feniyen i hoto eihen, uhei arga jali toktobufi iletu mimbe bošome sy ci tuciburengge kai. bi gūnici ere sy i dorgi geren hūwašan sa, minde acuhūn akū bime tere tan ban teo sakda hūwašan geli baita be ulhirakū, ubade tefi burgin burgin i inu asuru tusangga ba akū, narhūšame bodoci, jing tsi sy i de hūi jangloo daci mini emgi hūwaliyasun sain bihe, bi aikabade tere be baime genehede, urunakū mimbe halbumbi seme gūnin be toktombi, uthai cohome jing tsi sy i baru genefi, sy de dosifi jangloo de acafi doro araha manggi jangloo fonjime ji gung aibici jihe.（《醉菩提全传》 醉菩提全传第九回，不甘欺侮入净慈，喜发慈悲造藏殿，却说济颠过了一夜，到了次日，走出山门，一路里寻思道：这伙和尚合成圈套，逐我出寺门，我想勉强住在这里，也无甚风光。那净慈寺德辉长老，平素与我契合，若去投他，必然留我。打定了主意，遂一径往净慈寺来。入见长老问讯，长老便问：济公何来？）

ИВР РАН-СПб

20.《好逑传》（hoo kio juwan i bithe）十回

　[清]名教中人著，[清]佚名译，清长篇白话小说《好逑传》的满文译本。钞本，线装 10 册。页面 26×22 厘米。满文，半叶 11 行。首册残损严重，每册封面右上方书满文题名及卷数，其中部分行间书俄文注释。

hoo kio juwan i bithe hoo kio juwan i bithe ujui debtelin, niyalma be tuwaname yuwan yang ni gucu be ufaraha be gosiha, jy li i dai ming fude tehe emu[①] sio ts'ai hala tiye gebu jung ioi tukiyehe gebu ting seng banjihangge fujurungga yangsangga bolho gincihiyan, uthai emu saikan

---

① 原文 tehe 与 emu 间书汉文"尊重"。

niyalma terei banjiha be tuwaha de giyan i nesuken nemeyen[①] oci, acambihe jili hatan sijirhūn bime hūsun mangga. gūnin de acarakū niyalma de acaha manggi, uthai jilidame muwašame arbušaki sembi, weihuken i gisurerakū oci injerakū.(《好逑传》 好逑传第一回，省凤城侠怜鸳侣苦，话说前朝北直隶大名府，有一个秀才，姓铁名中玉，表字挺生，生得丰姿俊秀，就像一个美人，因此里中起个诨名，叫作铁美人。若论他人品秀美，性格就该温存。不料他人虽生得秀美，性子就似生铁一般，十分执拗。又有几分膂力，有不如意，动不动就要使气动粗，等闲也不轻易见他言笑。)

ИВР РАН-СПб

21.《禅真后史》（jalan de ulhibure can jen heo ši i bithe）二十卷
［明］方汝浩著，［清］佚名译，明长篇小说《禅真后史》的满文译本。钞本，线装 20 册。每册均缺少封面，正文左侧书满文题名及卷数，首册第 24 叶书乐山居士诗，曰："风吹败雪打窗前，禁漏频催一鼓天。炉火焰消重着碳，霞笺诗尽再成篇。蹒跚乐悟真空性，僝僽惭依假戈权。间虑间愁都罢想，喜随笔墨作回缘"。页面 28×19.5 厘米。满文，半叶 9 行，小字 2—3 行。原书著录作《禅真教史》（М. П. Волкова, 1965：90）。原属布罗塞藏品。

jalan de ulhibure can jen heo ši i bithe jalan be ulhibure can jen heo bithe juwan nadaci debtelin, tuktan yasa šan oforo ilenggu be cendehabi, amtan boco jilgan wabe lashalame mukdembuhebi fucihi leolehengge fucihi serengge, gurun booi ujire gosire i amba falan kai, muse i gurun ere ujire gosin falan[②] be ilabufi, cohome oitobuha urse be ujihebi, tereci jeo, hiyan de joboro suilara, edelehe nimekulehengge, emu juwe tanggū niyalma ci dulenderakū, ereci tulgiyen, asihan etuhun, yadahūn urse, beye dubentele halukan etume, ebime jeme sargan bahafi gaime muterakūngge, ududu minggan tumen niyalma bisire be sarakū, jabšan[③] de damu fucihi,

---

① 原文讹作 nemaye。

② 原文讹作 walan。

③ 原文讹作 jabsan。

emu duka bifi,ere jergi urse be bargiyambi.(《禅真后史》 禅真后史第十七回，世代晓谕禅真后史第十七册。初，眼耳鼻舌身意，色身香味触法，佛讲佛道。国家仁养之大地。我国开养仁地，欲恩养穷困众人，自此州县疲敝，缺残已过一二百人。此外，青壮皆贫，衣足饭饱聘女不行。不知有数千万人，仅佛便宜，有一门收留众人。）

ИВР РАН-СПб

22.《英烈传》（ying liye juwan i bithe）八十回

［明］徐渭著，［清］佚名译，明长篇小说《英烈传》的满文选译本。钞本，线装，存 9 册。每册封面右上方书满文题名及卷数。页面 28×19 厘米。满文，半叶 9—11 行。

ying liye juwan i bithe　ying liye juwan i bithe ilaci debtelin, u jen emhun beye hing lung hūi, sarin de ejen be karmaha. hū da hai sun de ai be waha, ju gung dzi coo yang hū de tašarame dosika, cang ioi cun ts'ai① ši gi be gaiha, ejen amban ts'ai ši gi de tai ši irgebuhe.(《英烈传》 英烈传卷三，兴隆会吴桢保驾，胡大海计杀孙德崖，朱公子误入滁阳湖，常遇春牛渚渡大战，常遇春妙得采石矶，君臣贺诗采石矶。）

ИВР РАН-СПб　ВФСПУБ-СПб

23.《东周列国志》（jeo gurun i bithe）一百零八回

［明］冯梦龙著，［清］蔡元放改编，长篇历史演义小说《东周列国志》的满文译本。钞本，线装 20 册。页面 26.5×23.5 厘米。满文，半叶 10 行，每册封面右上方存贴黄，上书满文题名与卷数。实为清许仲琳著《封神演义》。

jeo gurun i bithe　jeo han nioi wa gung de hiyan dabuha. ceng tang han i hala dzi hūwangdi enen sucungga di gu han i ilhi fujin di, abka de juse baime jalbarire jakade, sahaliyan gashai umhan be bahafi jeke amala siye be banjiha, siye tang ioi juwe han be weileme, sy tu hafan ofi, irgen be tacibuha gung bifi šang ni bade fungnehe, juwan ilaci jalan de tai i banjiha ere uthai ceng tang inu i in yoo šon i doro be yabure ambasa saisa, ioi sin bigan de tefi, usin weilere be donjifi, uthai doroi

---

① 原文讹作 dzai。

jaka be belhefi, ilan jergi solifi gajicibe, tai i olhome baitalarakū, abkai jui de benehe, jiye han doro akū acuhiyan de akdafi, saisa be bošome baitalarakū ojoro jakade, ceng tang be baji jihebi, amala jiye han doro be dasarakū, boco de dosifi, tondo amban guwan lung fung be waha manggi geren irgen tondo tafulara be nakaha, ceng tang niyalma takūrafi, guwan lung fung ni giran de songgobure jakade, jiye han jili banjifi, ceng tang be hiya tai de horiha amala ceng tang be sindafi.（《东周列国志》 纣王女娲宫进香。汤乃黄帝之后也，姓子氏。初，帝营次妃简狄祈于高禖，有玄鸟之祥，遂生契。契事唐虞为司徒，教民有功，封于商。传十三世生太乙，是为成汤；闻伊尹耕于有莘之野，而乐尧舜之道，是个大贤，实时以币帛，三遣使往聘之，而不敢用，进之于天子。桀王无道，信谗逐贤，而不能用，复归之于汤。后桀王日事荒淫，杀直臣关龙逢，众庶莫敢直言；汤使人哭之。桀王怒，囚汤于夏台。）

ИВР РАН-СПб

24.《东汉演义》(dergi han gurun i bithe) 一百回

［清］珊城清远道人著，文学作品《东汉演义》的满文译本。钞本，线装，存 4 册。页面 26.5×23 厘米。满文，半叶 9 行。全书计 9 册，前 5 册阙。每册封面右上存白色贴纸，上书满文题名与册数，如 dergi han gurun i bithe jakūci debtelin "东汉演义第八册"。

dergi han gurun i bithe ningguci debtelin, guwang u han tefi gungge ambasa be fungnehe; cy mei, jang be bade, lio pen dzi be wehiyehe; ubašaha hūlha be dailara jalin dahūme cooha iliha; cooha ilifi hūlha be dailame, še jy be toktobuha, doksin be dailafi irgen be aitubuha jalin de cooha be baiha; ma yuwan ejen be gisurefi, unenggi ejen de dahaha; han, jiyanggiyūn be takūrafi, etenggi bata be dailaha.（《东汉演义》 第六册，光武帝坐封功臣，赤眉军扶刘盆子，立义军定叛乱，马援受降于真主，除暴救民得军心，遣诸王将军御强敌。）

ИВР РАН-СПб

25.*《绣荷包》(fadu šeolere ucuni mudan) 不分卷

［清］佚名辑，［清］佚名译，民歌《绣荷包》的满文译本。钞

本，线装 1 册，计 4 叶。页面 17.8×11.3 厘米。满文，半叶 8 行。封面阙。文末书满文 badarangga doro i orin sunjaci aniya jakūn biya orin juwe de ejehe "记于光绪二十五年八月二十二日（1899 年 9 月 26 日）"。原属克罗特阔夫藏品。

fadu šeolere ucuni mudan hiyoo ji boode tefi, ilha šeoleme bihe gaitai sek seme haji niyalma be gūninaha genere nerginde gisun werihe bihe dahūn dahūn i gisurehengge ume onggoro sehe ele gūnici ele baili šumin oho eldengge saikan nenden ilha edun be ucaraha ulame tonggo[①] be gala de gaiha, agu siden fadu šeoleki sefi mujilen efujehe emu ing ni erinde šeoleme deribuhe fadu be jafafi besergen de tehe.（《绣荷包》 坐在孝房绣荷包，猛然想起心上人，临走曾留下话语，再三叮咛勿忘记。越思越想恩情深，恰似梅花与风伴，针儿线儿在手中，欲绣又止把心伤。一更时分始缝绣。手拿荷包坐床上。）

ИВР РАН-СПб

26.*《喜宴歌》（sarin de uculere ucun）不分卷

［清］佚名辑，［清］佚名译，民歌《喜宴歌》的满文译本。钞本，线装 1 册，计 5 叶。页面 17.8×11.3 厘米。满文，半叶 13 行。封面阙。原属克罗特阔夫藏品。

sarin de uculere ucun fulgiyan šun tucime jihe, abkai fejergi be eldembuhe. fujurungga unggata jifi. funtuhun boobe eldembuhe boconggo alin i weji. bolgo hūntahan juru deji bolhokon gaijara oci. booi gubci de tumen kesi sarkiyame deyere gaha. san giyang ni muke de dooha sadulaha sarin de seci. sisacuka i omire be saha in yang ni ucun be hūla. ing too i angga de ula, injeme omire sarin de seci. ijifungga inenggi doro be ula gu i hūntahan i nure be gaisu. gūnin de acara sogi be baisu. kob seme gaijara oci. hojihon sargan jui de kesi sabingga duka be neihe, saisa mergese jihe.（《喜宴歌》 红色的太阳出来了，照亮在下，尊敬的长辈来了，蓬荜生辉。多彩的山林里，献上双杯酒领受清洁，则是全家的

---

① 原文讹作 donggo。

万幸。展翅的飞鸦，渡三江之水，结亲的喜宴，惟有开怀畅饮。赞阴阳之歌，传樱桃之口，笑饮的筵席，则传授喜日之礼。取玉杯黄酒，求合意菜肴，大家取之尽兴，是女婿女儿的造化。打开瑞门，迎来君子贤能。）

ИВР РАН-СПб

27.*《地方歌》(ba na i ucun) 不分卷

［清］佚名辑，［清］佚名译，记录盛京锡伯族于乾隆二十五年（1760 年）西迁新疆伊犁的光荣事迹。钞本，线装 1 册，计 12 叶。页面 24×13 厘米。满文，半叶 5 行。封面阙。原属克罗特阔夫藏品。

ba na i ucun amba daicing gurun sehe abkai hese be aliha bihe. ambalinggū doro badarafi, ambarame gungge faššan be iletuhe, enduringge han siran siran i tucike, elhe doro nurhūme mukdendehe, eldengge erdemu ele iletulefi, enteheme abkai hūturi nemebuhe, mergen erdemungge abka ci salgabuha, mukden de amba doro be ilibuha, mutengge saisa lengsei isandufi, muterei teile wehiyeme aisilaha, gosin jurgan i cooha, goidahakū šanaha furdan de dosika.（《地方歌》 大清国奉天承运，广开大道，彰显功绩，圣主辈出，康安大道，延绵兴旺，显光颂德，永享天福。天赋贤德，兴盛大道，英贤汇集，尽其所能，扶助仁义，历经不日，入山海关。）

ИВР РАН-СПб

28.*《告别盛京歌》(mukden ci tucike de bai ucun) 不分卷

［清］佚名辑，［清］佚名译，记录锡伯族于乾隆二十五年（1760 年）自盛京启程西迁新疆伊犁的诗歌。钞本，线装 1 册，计 3 叶。页面 22.2×17.6 厘米。满文、俄文，半叶 13 行。封面正中书满文题名。原属克罗特阔夫藏品。

mukden ci tucike de bai ucun saksaha i jilga guwembi, šan be tukiyefi donji sembi, sasa tucibuhe cooha be seci, mukden namun i menggun be gaisu sehe mederi muke i furgin sembi, jecen akū goro ombi, mergen bodoro oci marime muterengge waka oho, šan umiyaha i feye samsime delhere beye, gasara yasai muke seci, feng[①] tiyan i bira oho.

Песен о родине Раздается голос сороки, Подняв ухо к верху послушай. Ведь вшюерь отправляемые бойцы. Возьмите изь мукореновского казначейства щеалованле. Морской воды приливы и отливы становятся безпредельно далекими. Если мудро поразмыслить, то впередь возможности возврата не стало. Гнездо шелковичного червя в ранние стороны разводящаяся тыла, Слезы скорби сорылались рекою Фань-дянь.

《告别盛京歌》 树上喜鹊喳喳叫，西迁军士仔细听，盛京部院发银两，带在路上作盘缠，海水浪潮来复去，海水一望无边际，智囊妙计已定局，无可挽回锦囊计。好比那蚕之巢穴，早晚离散的东西，离别奉天的眼泪，流入奉天的河里。

ИВР РАН-СПб

29.*《龙兴歌》（muduri mukdeke ucun）不分卷

［清］佚名辑，［清］佚名译，歌唱满族宗室于明末清初起兵建国的事迹。钞本，线装 1 册，计 12 叶。页面 27×15 厘米。上下两栏，上栏满文，下栏为满文拼读的汉译文，半叶 8 行。封面正中书满文题名。原属克罗特阔夫藏品。

muduri mukdeke ucun《龙兴歌》 amba daicing gurun badaraka, ioi yo hūwang cing，御佑皇清；abkai hese be alime gaiha, šeo ming ioi tiyan，寿命与天；ambalinggū doro iletulefi, guwang yan hung dzo, 广延宏祚；aniya be enteheme saniyabuha, i wan sy niyan，亿万斯年；eldengge forgon be abka neihe, tiyan k'ai ming jiye[②]，天开明节；erdemu de minggiya orho tucinjihe, šui ki giye ming，水起节明；eiten gurun alibunjifi, gung kio wan guwe，功秋万国；enduringge de jalafun nemebuhe, šeng šeo ciyan ling，圣寿乾灵。

ИВР РАН-СПб

---

① 原文讹作 fen。

② 原文讹作 jiyen。

30.*《张世梅书》（jang sy mei i bithe）不分卷

［清］佚名辑，［清］佚名译。钞本，线装 1 册，计 40 叶。页面 37×23.5 厘米。满文，半叶 10 行。封面左侧书 ojoro dabala sere gisun ere juwe gisun "罢字可以字，此二字"，扉页中书满文 jang sy mei i bithe·ujui debtelin "张世梅书·第一册"，末叶书满、汉文 si damu niyalma be kolame □，beyebe ojoro □ efimbi □ "你只要损人利己便得□，应□这就便得□"，倒数第 2 叶右上书满文 mušu yanranitu "穆舒颜拉尼图"，左下书满文 amala suhe donji "且听下回分解"。原属布罗塞藏品。

jang sy mei i bithe nan ging hoton de emu jang siots'ai, cen siots'ai tehe bihe, juwe niyalma daci emu sefu de bithe tacihangge ofi, ambula haji bihebi, emu aniya simnere jakade, jang siots'ai siyūn an baha, cen siots'ai jioi žen baha, siyūn an juwe haha jui bihebi, ahūn i gebu jang sy iuwan, deo gebu jang sy mei, banjihangge jergi ci encu, ahūn jang sy iuwan giyangsi hoton i lio iowan wai i sargan jui be gaiha, jacin jui jang sy mei gaijara unde, jang siots'ai siyūn an bahaci absi ambula bayan jergici lakcahabi baktandarakū.（《张世梅书》 南京城住有张秀才、陈秀才，二人拜同一师，故相交甚好。一年科举，张秀才高中巡按，陈秀才中举人。张巡按得二子，兄张世元、弟张世梅。自出生后，兄弟二人命运相异。兄张世元娶江西刘员外女为妻，弟张世梅未娶。张秀才高中巡按使，家中甚富，财源不断。）

ИВР РАН-СПб

31.*《长城志》（golmin hecen i ejebun）不分卷

［清］佚名辑，介绍长城的文章，内容涉及历史上中国各时期长城修建的原因、时间、特点及保存情况等。钞本，线装 1 册，计 27 叶。页面 23.5×17 厘米。满文，半叶 7 行。封面右侧书满文题名。原属俄罗斯皇家科学院亚洲博物馆藏品。

golmin hecen i ejebun golmin hecen, julgeci absi golmin hecen be sahafi, amargi hūlha be dalirengge, duin jalan ohobi, yan gurun joo gurun cin gurun sui gurun inu, cin gurun i durun, yan gurun joo gurun be songkoloho ba ambula bihe, sui gurun oci cin gurun be wacihiyame songkoloho ba akū, suduri ejebun de, yan gurun i hecen, dzoo yang ci deribume, siyang ping liyoo yang de isibuha.(《长城志》 自古以来砌成长城，抵御北狄，已四朝，燕国赵国秦国隋国。秦朝时，有燕国赵国大部旧土，隋国未尽收秦国领土。《史记》载，燕国城池，起于造阳，至襄平辽阳。)

ИВР РАН-СПб

32.*※《锡伯史志》(sibe niyalma i suduri ejetun) 不分卷

［清］佚名辑，介绍察布查尔锡伯族西迁历史事迹与生活状况的民歌。钞本，线装 1 册，计 25 叶。页面 20.5×12.3 厘米。满文，半叶 6 行。残损严重。

sibe niyalma i suduri ejetun haksan alin be yooha, hahi muke be dooha, hacihiyame yabuha ofi, lalai isinjiha bihe, uliyasuwakai ci jihe, uharilaik de tehe, urebume hebešehe manggi, usin be baime tehe, muk-den ci gurime jihe, mujakū joboho bihe, muke boihon be tuwafi, birai julergi de tehe.(《锡伯史志》 过阴山，渡过急水，加紧行路，终于到达。从乌里雅苏台来，居乌哈里来克，不断协商求请土地居住。从盛京徙来劳苦非常，视水土居于河之南。)

ИВР РАН-СПб

33.*※《水浒传·第十五回》(šui hū bithe · tofohoci meyen) 不分卷

［清］佚名辑，［清］佚名译，元末明初施耐庵（1296—1370）著《水浒传》第十五回"杨志押送金银担，吴用智取生辰纲"的满文译本。钞本，线装 1 册，计 25 叶。页面 34.5×25 厘米。满文，半叶 11 行。封面阙。

šui hū bithe · tofohoci meyen sere jakade ilan žuwan alime gaifi sasa tucike manggi u yung šan i jakade uttu tuttu seme boljohon be sartabuci ojorakū sefi, ilan žuwan ši giye tsʻun de bederehe, coo gʻai gung sung šeng lio tang ba boode bibufi, u yung kemuni baifi ba hebešeme jimbi. tere fonde be ging dai ming fu i liyang jung šu juwan tumen ulcin i banjiha inenggi arara doroi jaka be udafi, damu benere niyalma be sonjombihe, emu inenggi amargi tang de tehe bici, ts'ai fujin fonjime, siyang gung banjiha inenggi i doroi jaka atanggi jurabumbi.(《水浒传·第十五回》 吴用附耳低言道:"这般这般,至期不可有误。"三阮相别了,自回石碣村去。晁盖留住公孙胜、刘唐在庄上。吴学究常来议事。话休絮烦。却说北京大名府梁中书,收买了十万贯庆贺生辰礼物完备,选日差人起程。当下一日在后堂坐下,只见蔡夫人问道:"相公,生辰纲几时起程?")

ИВР РАН-СПб

34.*※《文天祥诗一首》(wen tiyan siyang ni irgebun emu fiyelen)
不分卷

［清］佚名辑,［清］佚名译,宋文天祥(1236—1283)作品集的满文译本,首篇为七言律诗《二月六日海上大战国事不济孤臣天祥坐北舟中》。钞本,线装1册,计8叶。页面23×15.5厘米。满文,半叶8行。封面阙。原属布罗塞藏品。

wen tiyan siyang ni irgebun emu fiyelen tere fonde wen tiyan siyang ai šan alin be tuwame gosiholome nasame irgebun irgebume hendume, cang ping de emgeri dehi tumen jocibure jakade, cin gurun i niyalma urgunjehebi, joo gurun i niyalma gasakabi. amba edun dame, yonggan deyeme muke eyerakū ojoro jakade cu gurun ningge sebkelehebi, han gurun ningge jobohobi, coohai etere anaburengge toktohon akū, agūra hajun der seme dekderengge atanggi nakambi. urunakū abkai hafan tucifi genggiyen horonggo i niyalma be wara de amuran akū ohode, teni emu obume mutembi. tuktan mimbe banjime jaka hono gashan akū bihe, mini banjiha amala tuksicuke ucuri ucarafi. juwe tanggū jeo hengkišeme dahaha, tob sukdun geterefi alin bira be girubuha.(《文天祥诗一首》［二月六日海上大战国事不济孤臣天祥坐北舟中］彼时文天祥观崖山恸哭作诗曰:长平一坑四十万,秦人欢欣赵人怨。大风扬沙水不流,为楚者乐为汉愁。兵家胜负常不一,纷纷干戈何时毕。必有天吏将明威,不嗜杀人能一之。我生之初尚无疚,我生之后遭阳九。厥角稽首并二州,

正气扫地山河羞。）

ИВР РАН-СПб

35.*※《故事》（juben i bithe）不分卷

［清］佚名辑，4 篇故事合辑。钞本，线装 1 册，计 32 叶。页面 25.5×18 厘米。满蒙合璧，半叶满文、蒙古文各 5 行。首篇蒙古文故事前钤朱色"同兴乾记"。

juben i bithe　tacirengge teni tob sere giyan inu kai, ere jergi babe sithūme tacirakū bime buya efiyen de dosifi beyebe efulerengge jaci mentuhun hūlhi dabanaha akū semeo, nenehe niyalma be eldembume muterakū joo dere, elemangga mafa ama be fetebure baita be ainu seme yabuki sembikini.

üliger　surakula sayai töb gekü ǰüi mön bišiü, ene ǰere yin yabudal i ǰieküǰi suraqu ügei bolod baγa saγa endem dü oruǰi beyese ebdelini araqa monγqaγ teneg bodonγγui ketüregsen ügei geǰiü. erten ü ebüges yin ǰoqiyal ülü čidaqu ču baiqi. qarin neng ečike ebüge iyen addalaγulǰi kereg yi yeu gem medegseger yabuya gene. kün geǰi türüd, mauγan qalaǰi sain i daorayaǰi yabuqula sayi nige gün geküwen biši, bideni beye ečike eke se türüd, ǰobaǰi sana setkil iyen čileǰi mani kümüǰigülǰi keǰiye gün bolgan, mau olos i daurayaǰi.

《故事》 学方能明理，若无专心励精学习，而愚昧昏聩过度耽于游乐以致毁坏身体，只是不能为先祖增辉罢了，反倒为何行揭父祖之短事呢。

ИВР РАН-СПб

36.*※《稗史文学》（isabuha bithei tacin）不分卷

［清］佚名辑，文学作品合辑。钞本，线装 4 册。页面 27.8×23 厘米。满文，半叶 7 行。

isabuha bithei tacin　giyang ši hendume, fucihi juktere bolgo ba kai, ei simeli akū babi, cen fan hendume, tuttu waka mini boode oyomburakū bicibe, buyerame agūra tetun dembi largin, sini emu niyalma tuwakiyame muterengge waka, minde emu anggasi bi, aša bi tere be baifi niyangdzi de gucu arabuci antaka, giyang ši dolori gūnime tumen de emgeri aika jaka waliyabuha sehede elemangga ališara seme bodofi jabume.(《稗史文学》 姜氏说，佛门乃清净之地，何来冷清说。陈繁说，彼非我屋无甚要紧，欲想周全思虑繁多，非你一人能看守，我这儿有一寡妇，嫂子我请她，与娘子以礼相待如何，姜氏心想万一若是丢东西反倒烦闷，这样想着就回答了。)

ИВР РАН-СПб

　　俄罗斯满文珍稀文献中的文学作品极其丰富，这些文学作品多为存世汉文文学作品的满文译本，从其中的满文书写与俄文注释可知，这批文献多为俄罗斯来华人员在中国期间所抄。中国古代文学与俄罗斯文学在艺术形式、创作特点及时代背景等诸多方面存在不同。满文翻译汉文文学作品是俄罗斯社会了解中国古代文学最直接有效的途径，对于中俄文化交流的研究具有重要的参考价值。

七　综合类

"综合类"所纳为数量较少无法自成一类的文献，未收录于《四库全书总目提要》和《续修四库全书总目提要》，包含编年、纪事本末、地理、职官、传记、政书·典礼等史部和天文算法、兵家和杂家等子部文献，计 21 种。

1.《几何原本》(gi ho yuwan ben bithe) 不分卷

［法］巴蒂（I. G. Pardies，1636—1673）著，［法］白晋（Joachim Bouvet，1656—1730）、［法］张诚（Gerbillon，1654—1707）合译，《理论与实用几何学》(*Elémens de Géométrie*) 的满文译本。刻本，线装 4 册。前 3 册共含文章 7 篇，最后 1 册为《满洲算法原本》(suwan fa yuwan ben bithe)。页面 27.5×17.5 厘米，版框 20.5×14.8 厘米。白口，四周双边。满文，半叶 9 行，行字不等，小字双行。版心有满文篇数和页码。原属俄罗斯皇家科学院亚洲博物馆藏品。

gi ho yuwan ben bithe jakūci, yaya emu jijun bifi, tere jijun i emu dube be horgikū obume hadafi jai emu dube be šurdehei sucungga aššame deribuhe bade isinaha manggi, uthai emu muheren jijun banjinambi, duibuleci giya i sere emu jijun i giya sere babe horgikū obume hadafi, i sere dube be guribume, hadaha babe moselame sucungga aššame deribuhe, i sere bade isinaha manggi uthai i bing ding u sere muheren jijun banjinambi. ere muheren jijun be muheren i jecen sembi, jecen de horiha babe muheren i dere sembi.（《几何原本》 第八，自圆之一界作直线，过中心至他界为圆径，径分圆两平分；甲丁乙戊圆自甲至乙过丙心作一直线为圆径。）

ИВР РАН-СПб

100

2.*《闲书》(sulai bithe）不分卷

[清] 佚名辑，清人日常生活场景的描述，并配有插图。写本，线装 1 册。页面 23×22 厘米。满文，半叶行字不等。封面书满文 hūturi eteheme jalafun goidambi "福寿绵长"，扉页书满文 badarangga doro "光绪"，封尾书满文 sulai bithe "闲书"、emu debtelin "一册" 和 mini ere nirurehe niyalma be ume □□□ "勿□□□吾此画"。原属格列宾希科夫藏品。

sulai bithe《闲书》 muke gaire niyalma "调水人"；ere uthai niyalma tere boo "此即人住房"；miyoo mafari "庙神"；sefu "师傅"；šabi "徒弟"；buda jetere niyalma "吃饭者"；kubuhe □ juwan nadan □ arame badarangga doro i gūsin duici aniya nadan biyai orin "镶□十七□撰光绪三十四年七月二十日"。

ИВР РАН-СПб

3.*※《大清皇帝论》(daicing gurun i hūwangdi i leolen）不分卷

[清] 佚名辑，清太祖高皇帝至清高宗纯皇帝年号、在位年限及清朝疆土及政权机构介绍。嘉庆二十二年（1817 年）钞本，线装 1 册，计 70 叶。页面 26.2×25.5 厘米。满文，半叶 13 行。

daicing gurun i hūwangdi i leolen hoton hecen, jecen hešen, gašan tokso, jugūn ton, gūsai yamun, amban yamun, coohai ton, cooha ureburengge, encu dangse be getukeleme baicahangge, buren burderengge, giyarire kūwaran, mukdehen, dergi wargi dalbade, amargi deyen de, dergi wargi hetu deyen de, amba deyen de, mukdehun, calu namun, giyoocan, anggalai ton, karun, dogon, alban takūran, sinde i baitalan, gūsai tacikūi turigen, gūsai tacikūi, geren tinggin i aisilara bithesi, g'ogin anggasi de menggun šangnarangge, coohai agūra hajun niyecere dasatara menggun, alban jafara bele i funde afabure usin turigen, takūrsi de cooha duite, usin ongko, coohai agūra hajun, tarcan tuwai okto siberhen, tolon oori, ton i toktobuha cese, ujire kūwaran, hūdai sirgeri de temgetu bithe bahaburengge, ula belheburengge, gūsai yamun de bargiyara jingkini hacin, fulun caliyan, wehe yahai namuri de cifun bargiyarangge, tušan

tušan i gūsai amban, tušan tušan i jiyanggiyūn, tušan tušan i meiren i janggin, doron kadalan temgetu, geren juktehen i lama.(《大清皇帝论》 城市，边界，乡村，路数，都统衙门，大臣衙门，兵额，练兵，清查异档，吹号角，巡营，枯木桩，东西侧，北殿，东西偏殿，大殿，坛，仓库，校场，人数，边卡，渡口，贡赋，尔处用度，旗学租，旗学，众厅效力笔贴士，赏银，兵器修理银，贡米替缴佃租，兵四个承差，田地牧场，兵器，铅火药捻子，火把精，定数册，养济院，授予贩丝凭照，预备差役，都统衙门收正供，俸饷，收煤税，历任都统大臣，历任将军，历任副都统，关防图记印，众庙喇嘛。)

ИВР РАН-СПб

4.*※《赫哲生活》(heje niyalma i banjin) 不分卷

［清］佚名辑，吉林三姓赫哲（那乃）人生活记录。光绪九年（1883 年）钞本，线装 1 册，计 4 叶。页面 35×22.2 厘米。满文，半叶 7 行。末叶书汉文"弟三成顿首"。原属格列宾希科夫藏品。

heje niyalma i banjin sunggari ula julergi dalin de tehe hejese meni daicing gurun i enduringge ejen de alban seke afame tanggū funceme aniya ofi, yaya alban yabuhakū bihe, badarangga doro i uyuci aniya de hesei tucibuhe girin jiyanggiyūn ilan halai meiren i janggin sei wesimbufi alban seke afabure be nakabufi heje urse be alban yabubuki seme fukjin yamun ilibufi duin banjibufi gūsai da emke, nirui janggin duin, jergi janggin juwe funde bošokū duin yamun jergi akū bithesi juwe be gemu ilan hala ci ice fe manju dorgici fukjin yamun de guribuhebi, heje urse ci bošokū orin, uksin duin tanggū sonjome gaihabi, damu fukjin yamun alibuha ci heje urse be gemu ice manju seme gebulehebi.(《赫哲生活》 松花江南岸居住赫哲人向我大清国圣主贡貂已百余年，所有贡物不行，光绪九年钦派吉林将军、三姓副都统等上奏停止贡貂，办理赫哲公务。始设四衙门，每一衙门设立四协领，四佐领，两等级章京，四骁骑校，衙门无品级笔贴士两人，均从三姓新旧满洲内调，自赫哲人选领催二十，披甲四百，原衙门所献赫哲人均定为新满洲。

ИВР РАН-СПб

5.《天问三篇》(dergi fonjin i ilan fiyelen) 不分卷

［清］佚名辑，《晏子春秋》(yan dzi coin cio i bithe) 的满文节选译本。钞本，线装 1 册，计 28 叶。页面 26×18.5 厘米。满文，半叶 10 行。原属伊万诺夫斯基藏品。

dergi fonjin i ilan fiyelen jai debtelin, juwang gung, yan dzi de fonjime, horon i jalan be alifi, abkai fejergi be dahaburangge, erin deo, yan dzi jabume, yabun de, juwang gung hendume, ai yabun de, yan dzi jabume, gurun i dorgi irgen be gosime muterengge, jasei tulergi ehe urse be dahabume mutembi. cooha irgen i buceme hūsun bure be ujelerengge, doksin gurun i ehe fudasihūn be nakabume mutembi, saisa urse be afabume baitalarangge, goloi beise de horon be algimbume mutembi, gosin jurgan be yabume jalan de aisi obure be urgunjerengge, abkai fejergi be dahabume mutembi.(《天问三篇》［晏子春秋卷三·内篇问上］庄公问威当世服天下时耶晏子对以行也。庄公问晏子曰："威当世而服天下，时耶？"晏子对曰："行也。"公曰："何行？"对曰："能爱邦内之民者，能服境外之不善；重士民之死力者，能禁暴国之邪逆；听赁贤者，能威诸侯；安仁义而乐利世者，能服天下。不能爱邦内之民者，不能服境外之不善；轻士民之死力者，不能禁暴国之邪逆；愎谏傲贤者之言，不能威诸侯；倍仁义而贪名实者，不能威当世。而服天下者，此其道也已。"）

ИВР РАН-СПб

6.《晏子春秋·卷一》(yan dzi coin cio i bithe · ujui debtelin) 不分卷

［西汉］刘向整理，［清］佚名译，历史典籍《晏子春秋》的满文译本，又题《晏子》(※yan dzi i bithe)。钞本，线装存 1 册。页面 25.3×20.5 厘米。满文，半叶 13 行。封面右侧书满文题名与卷数。破损严重。

yan dzi coin cio i bithe · ujui debtelin juwang gung baturu hūsun i yabume jurgan yabun be gūnirakū ofi, baturu hūsungge urse gurun de targacun akū, wesihun niyamangga urse sain be akūmburakū, hanciki urse endebuku be halarakū, ojoro jakade, yan dzi juwang gung de acanjiha manggi juwang gung hendume, julgei niyalma baturu hūsun i teile jalan de ilihangge inu bio. yan dzi jabume, yan dzi bi donjici, bucere be weihukeleme dorolon be yabure be baturu sembi, doksin be wame etenggi de jailarakū be hūsungge sembi. tuttu ofi, baturu hūsun i ilirengge dorolon jurgan be yabure turgun tang u be cooha baitalaha bime fudasihūn de obuhakū gurun be uherilehe bime doosi de obuhakūngge gosin jurgan i giyan ofi kai.(《晏子春秋·卷一》 庄公奋乎勇力，不顾于行义。勇力之士，无忌于国，贵戚不荐善，逼迩不引过，故晏子见公。公曰："古者亦有徒以勇力立于世者乎？"晏子对曰："婴闻之，轻死以行礼谓之勇，诛暴不避强谓之力。故勇力之立也，以行其礼义也。汤武用兵而不为逆，并国而不为贪，仁义之理也。")

ИВР РАН-СПб

7.《额敏和卓传》(emin hojo i faidangga ulabun) 不分卷

［清］佚名辑，清乾隆朝新疆吐鲁番维吾尔民族英雄额敏和卓（1694—1777）的介绍，内容节选自《钦定外藩蒙古回部王公表传》(hesei toktobuha tulergi monggo hoise aiman i wang gung sei iletun ulabun)。钞本，线装 1 册。页面 28×20 厘米。满汉合璧，半叶满、汉文各 5 行。原属伊万诺夫斯基藏品。

emin hojo i faidangga ulabun emin hojo serengge, turfan hoise ba i niyalma, mafa oci supi hojo, kara hojo i ahun ombihe, ama oci niyas hojo, turfan i amba ahun ombihe. emin hojo siraha manggi, mukūn be isandume lukcin de tehei bi, elhe taifin i susai uyuci aniya de, amba cooha i turfan be dasara de, emin hojo mukūn lukcin de dahahabi. cooha marifi, jun gar etenggileme kara šar de gurinjifi, watai sujara turgunde, niyalma takūrafi dorgi bade dahakini seme jalanjifi.(《额敏和卓传》 额敏和卓，吐鲁番回部人，祖素丕和卓，为喀喇和卓阿珲，父尼雅斯和卓，为吐鲁番大阿珲。额敏和卓嗣，聚族居鲁克沁。康熙五十九年，大军抚吐鲁番，额敏和卓族以鲁克沁降。军旋，准噶尔胁徙喀喇沙尔，固拒之，遣使告内附。)

ИВР РАН-СПб

8.《茅廧编珠》(siden yamun be hacin banjibuha bithe) 四卷

［清］佚名辑，清各衙门机构名称及职能介绍。钞本，线装 4 册。页面 26 × 18 厘米。满汉合璧，半叶满、汉文各 4—8 行。封面右上书汉文题名，扉页存朱印 "同仁字号"。首篇为满文《茅廧编珠·序》(siden yamun be hacin banjibuha bithe·šutucin)。原属俄罗斯皇家科学院亚洲博物馆藏品。

siden yamun be hacin banjibuha bithe uheri šošohon hacin, ujui debtelin, gurung ni hacin, deyen i hacin, asari i hacin, taktu i hacin, duka i hacin, fu i hacin, yamun fu i hacin, duka fu i hacin, jurgan i hacin, yuwan jurgan i hacin, yamun i hacin, yuwan yamun i hacin, sy yamun i hacin, sy yamun i hacin, giyan yamun i hacin, gungge yamun i hacin, dooli yamun i hacin, wei yamun i hacin, buyarame yamun hacin i ajige yamun i hacin; jai debtelin, tanggin i hacin, tinggin i hacin, fiyenten i hacin, kunggeri i hacin, falgari i hacin, boo i hacin, yuwan boo i hacin; ilaci debtelin, ba i hacin, gioi ba i hacin, tang ba i hacin, šo ba i hacin, fang ba i hacin, falgangga i hacin, falga i hacin, cu ba i hacin, hošon i hacin, kūwaran i hacin, kūwaran i hacin, kūwaran i hacin, kūwaran i hacin, yuwan kūwaran i hacin; duici debtelin, tacikūi hacin, kuren i hacin, calu i hacin, namun i hacin, munggan yamun i hacin, eifu yamun i hacin, mukdehun i hacin·dzung joo be kamcibuha, muktehen i hacin, juktehen i hacin·guwan ni be kamcibuha, jukten, buyarame hacin i hacingga ba i hacin.(《茅廧编珠》 总目录，卷一，宫类，殿类，阁类，楼类，门类，府类，衙门府类，门府类，部类，院部类，衙门类，院衙门类，寺衙门类，司衙门类，监衙门类，科衙门类，道衙门类，卫衙门类，杂项小衙门类；卷二 堂类，厅类，司类，科类，署类，房类，院房类；卷三，处类，局处类，堂处类，所处类，房处类，所类，甲类，作类，处作类，坊类，局类，厂类，场类，营类，院夸阑类；卷四，学类，馆类，仓类，库类，陵寝类，园寝类，坛类·宗昭附，庙类，寺类·观类附，祠类，零项处所类。)

ИВР РАН-СПб

9.*《伊犁战乱志书》（ili facuhūn be ejehe bithe）不分卷

［清］佚名辑，同治三年（1864 年）至同治十年（1871 年）新疆伊犁农民起义记录。钞本，线装 1 册，计 44 叶。页面 22×17.5 厘米。满文，半叶 8 行。封面书满文题名。原属克罗特阔夫藏品。

ili facuhūn be ejehe bithe　ili ba facuhūrafi, na de isibume gūsin duin sunja aniya oho, uttu ofi, cooha gaime yabuha hafasa i gebu hala be onggohongge inu labdu sere anggala, nenehe amala i baita forgošobure be akū seci sonjorakū, ere baita yasa de sabuha šan de donjihangge gemu bi, gubci elgiyengge i juwan emuci aniya, san dao he, sere bade hoise irgen usin tarime tehengge umesi labdu, terei dolo, emu hoise gebu yang dzi sing serengge, umesi amba bayan niyalma, erebe irgen se ubašambi seme habšaha manggi, jiyanggiyūn ambasa habšame gisurefi, cooha be fidefi gemu wambi seme toktobuha, cooha gemu isiname jihe manggi, tere fon i jiyanggiyūn cang bihe, umesi kenehunjeme, sain i banjire irgen be emu anggai gisun be donjifi, umai yargiyan temgetu akū, emu erinde mukiyebume suntebure oci, dergi abkai gūnin de inu acarakū dade, ejen i hesei dube jecen i ba i geren aiman cooha irgen be bilume dasara fesin be afaha.（《伊犁战乱志书》 伊犁战乱，到此地想来已三十四五年，是以忆及带兵官员之名姓忘记亦甚多，不选不颠倒事情先后，此事眼见耳闻皆有。咸丰十一年，三道河等地甚众回人农民安置种地。其中一回人名扬子兴，状告巨富偕民造反，将军大臣们商议调兵平乱皆杀。兵至后，那时常将军在，甚疑，以信良民一人之言，全无实据。一时杀绝，亦于天意不合。圣谕抚治远疆之地众部落兵民，紧握把柄。）

ИВР РАН-СПб

10.*《老人听闻伊犁战事回忆志书》（ili i ba facuhūraha erin i baita be sakdasa gisurehe be donjime ejefi araha bithe）两卷

［清］佚名辑，新疆伊犁锡伯老人回忆同治三年（1864 年）至同治十年（1871 年）清军镇压库车农民起义情况。钞本，线装 1 册，计

123 叶。页面 22.5×18 厘米。满文，半叶 13 行。扉页存红色 "后补藩库大使文硕" 贴纸。封面书满文题名与卷数。原属俄罗斯驻乌鲁木齐领事迪亚科夫（А. А. Дьякова, 1876—1956）藏品。

ili i ba facuhūraha erin i baita be sakdasa gisurehe be donjime ejefi araha bithe yooningga dasan uthai tung jy i ilaci aniya julergi ba kuce aksu i ba hoise irgen ubašafi, emu inenggi de juwe hoton be gemu tung guwan gaifi ejelehe, adarame uttu ja i gaiha seci, ere juwe hoton de gemu meyen kadalacibe, gemu karmara cooha akū ofi, hoise irgen sa ubašame uthai hoton be ja i bahafi ejelehebi. ereci wargi ergi geren ba i hoise irgen sa gemu dorgime ubašara mujilen jafafi, amargi jugūn jimusel huceng urumuci cangji hūtubi fu kang hiyan manasa anjihai jergi ba gemu facuhūrafi, emu juwe biyade gemu hoise i irgen ehelefi tehe.（《老人听闻伊犁战事回忆志书》 同治三年，前地库车阿克苏回民造反，一日得占二城通关。为何如此容易取得，此二城亦无营伍管辖，亦无保卫兵，回民人等反叛得城极易。自此西方等地回民人等皆内乱。北路吉木萨尔、霍城、乌鲁木齐、昌吉、呼图壁、阜康县、玛纳斯、安集海等地皆叛，一二月皆为回民占据。）

ИВР РАН-СПб

11.《西域闻见录》（wargi jecen i bade bifi donjiha sabuha babe ejehe bithe）不分卷

［清］佚名辑，中国西北地区地理与人文记载。钞本，线装 1 册，计 26 叶。页面 30.5×19 厘米。满文，半叶 10 行。破损严重。卷前存乾隆四十二年（1777 年）《序言》。原属列昂季耶夫斯基藏品。

wargi jecen i bade bifi donjiha sabuha babe ejehe bithe na abkai dolo bisirengge ajige muhaliyan i gese dabala, dulimbai gurun na de bisirengge emu hošo dabala, hoton hecen be šošofi, emu beyebe jafafi duibuleci, ser sere emu yonggan i gese dabala. niyalmai yasa sabume ofi, embici yasa de dulembuhe ba bi, yasai sabuha baci tulbime jecen toktobuci, jecen i arbun ba iletu yargiyan obuci ojorakū, šan donjime muteme ofi, geren i yasai sabuha babe gemu gisurehe be tuwame, turgun be bahafi, donjiha babe jafafi tulbime toktobuci ombi. bi yan i bade banjifi, kemuni cin gurun, jin gurun, cu gurun, u gurun, yuwei gurun i bigan bade šurdeme yabure jakade, sejen i songko babade gemu akūnaha, julergi ergide ling alin i cargi de isinaha, dergi ergide i u baci duleke lioi i bai liyoo bira be dooha bihe, hi juwang ni funde geli wargi baru yang furdan tucifi, ho yuwan i baci, ilan minggan funcere bade isitala nikenefi, encu tacin i bade tehe turgun de yasai sabuhangge ambula ofi ohobi, abkai wehiyehe i dehi juweci aniya fulahūn coko i jorgon biyai juwan uyun de, cun yuwan ci ši i, fu sy alin i bade šutucin araha.(《西域闻见录》 如天地间细珠罢了，中土一隅而已，细数群邑，皆成一体，譬如人眼所见细微沙粒罢了。或者过眼处，眼见推测定边，不能使边相显实。耳能闻，观众人皆谈论所见处，得到原因，听时揣测断定。我生于燕地，常常沿行于秦国、晋国、楚国、吴国、越国野外，车辙痕皆至，先时至灵山彼端，东方一五里过辽地渡辽河西庄又西向出阳关，河源地一直行至三千余里，因居于异俗地，眼界变大。乾隆四十二年丁酉月十九日，纯元七十一，覆笥山作序。）

ИВР РАН-СПб

12.《内外臣工职司总录》(dorgi tulergi ambasa hafasai tušan i baitai uheri šošohon bithe) 不分卷

[清] 佚名辑，对照辞书，内容涉及清各衙门机构及官职，内容节选自《满汉六部成语》(manju nikan hergen i ninggun jurgan i toktoho bithe)。钞本，线装 1 册，计 86 叶。页面 25×17.5 厘米。官员与机构名称满汉合璧，半叶满、汉文各 6 行；官员与机构职能介绍满文，半叶 12 行。原属俄罗斯皇家科学院亚洲博物馆藏品。

dorgi tulergi ambasa hafasai tušan i baitai uheri šošohon bithe《内外臣工职司总录》 nonggiha jergi, 加衔；taiši, 太师；taifu, 太傅：taiboo, 太保；šooši, 少师；šoofu, 少傅；šooboo, 少保；taidzi taiši, 太子太师；taidzi taifu, 太子太傅；taidzi taiboo, 太子太保；taidzi šooši, 太子少师；taidzi šoofu, 太子少傅；taidzi šooboo, 太子少保；uksun be kadalara yamun, 宗人府；alifi kadalara amban, 宗

令；sirame kadalara amban，宗正；adafi kadalara amban，宗人；baita be aliha hafan，府丞；baita icihiyara hafan，理事官；aisilame baita icihiyara hafan，副理事官。

ИВР РАН-СПб

13.*《简明章程》(kemneme getukeleme durun kooli) 不分卷

［清］佚名辑，八期官兵考试、休假及退伍相关规定，计13条。钞本，线装1册，计6叶。页面33.5×23厘米。满文，半叶15行。原属伊万诺夫斯基藏品。

kemneme getukeleme durun kooli emu hacin, te wesimbufi toktobuha kooli serengge, cohome sula sai šolo baire jalin ilibuhangge, hafan cooha šolo baici, kemuni fe kooli songkoi icihiyaki, aika hafan efulehe tušan nakabuha hafasa, jai caliyan nakabuha cooha, caliyan akū tukiyesi silgasi susai tacimsi oci, gemu sula sai kooli songkoi icihiyaki, aika geren goloi seremšeme tebunehe sula sa šolo baici, inu ere kooli songkoi yabuki. (《简明章程》 类一，现上奏定章程，为拟正闲散人等缺，求官兵空缺，常遵旧章程办理，如有革职停职官员等，又裁钱粮兵丁，无钱粮举人贡生五十监生，皆遵照闲散定章程办理，各类诸外省驻防闲散人口求空缺，亦照此章程办理。)

ИВР РАН-СПб

14.*《八旗满洲结亲礼书》(manju gūsai i boo baire niyaman jafara dorolon bithe) 不分卷

［清］佚名辑，清朝旗人婚俗介绍。钞本，线装1册，计6叶。页面22×17.5厘米。满文，半叶12行。原属克罗特阔夫藏品。

manju gūsai i boo baire niyaman jafara dorolon bithe te bici emu haha jui banjici juwe ilan se de isinaha manggi, emu hala ci encu niyamangga aici ishunde baire sain gucu sade se muru teisungge sarganjui bisire oci ishunde gisurefi i cihangga oci uthai urun hejembi, ere hejere de sain inenggi be sonjofi aici emu sengge niyalma be baifi siden jala obumbi. ere genere dorolon de honin nure baibumbi, geli sarganjui ambakan oci, etukui muten jergi inu gamambi. (《八旗满洲结亲礼书》 今有一

男，长到二三岁，从一异姓亲戚互请好友人等，若有年岁相貌相当的女孩，双方互通言语，乐意便立即定亲，选定吉日，或是请一人充当中间媒人。去礼需以羊、酒，又女子稍大，亦好艺改衣等。）

ИВР РАН-СПб

15.＊※《文选汇集》（isabuha fiyelen i bithe）不分卷

［清］佚名辑，［清］佚名译，道德教育文章合辑，节选自《晏子春秋》。钞本，线装 1 册，计 41 叶。页面 25.5×18.5 厘米。满文，半叶 10 行。原属布罗塞藏品。

isabuha fiyelen i bithe ging gung nure omime nadan inenggi nadan dobori otolo nakarakū ofi, hiyan jang tafulame hendume, ejen nure de dosifi, nadan inenggi nadan dobori oho, hiyan jang bi ejen i nure omire be nakara be buyembi nakarakū ohode, hiyan jang mimbe wa sehebi, yan dzi acanjire jakade, ging gung hendume hiyan jang mimbe tafulame, ejen i nure omire be nakara be buyembi, nakarakū ohode, hiyan jang mimbe i sembi, terei gisun be dahaci, amban de elgebulehe de ombi, daharakū oci geli terei bucerengge jilaha, yan dzi hendume, hiyan jang jabšan de ejen be ucarahabi, aikabade, jiyei jeo be ucaraha bihe bici, hiyan jang aifini bucembihe sehe manggi, ging gung uthai omire be nakaha.（《文选汇集》［景公饮酒七日不纳弦章之言晏子谏］景公饮酒，七日七夜不止。弦章谏曰：“君欲饮酒七日七夜，章愿君废酒也！不然，章赐死。”晏子入见，公曰：“章谏吾曰：‘愿君之废酒也！不然，章赐死。’如是而听之，则臣为制也；不听，又爱其死。”晏子曰：“幸矣章遇君也！令章遇桀纣者，章死久矣。”于是公遂废酒。）

ИВР РАН-СПб

16.＊※《祭祀祝词书》（wecere metere de forobure gisun bithe）不分卷

［清］佚名辑，萨满祭祀祝词合辑，部分节选自《钦定满洲祭神祭天典礼》（hesei toktobuha manjusai wecere metere kooli bithe）。钞本，线装 1 册，计 18 叶。页面 22×11.5 厘米。满文，半叶 7 行。封面书

满文题名与满文 da dzi ioi ningge "大子禹者"。原属格列宾希科夫藏品。《钦定满洲祭神祭天典礼》，[清] 允禄撰，记满洲祭祀条例与流程，与《大清通礼》相辅，分祭祀礼仪 2 篇，汇记故事 1 篇，礼仪祝词、赞词 41 篇，器用数目、形势图各 1 篇。

wecere metere de forobure gisun bithe hūturi bairede fodo moo tebufi debsime jarime foli fodo omosi mama enduri weceku de tere aniyangga osokon beye tere aniyangga osokon beye i julefun uyun booi amsun be šufafi gingnembi foli fodo be tebufi siren futa be gocifi debse debsime hūturi baimbi hūsun bumbi tere aniyangga osokon beye tere aniyangga osokon beyebe jilame gosime šuwangga hūturi be šulu de buki tumen hūturi be tunggen de buki minggan hūturi be iktambuki uyun hūturi be urebuki jakūn hūturi be jalumbuki hūturi de gosiki[①] enduri eršeme weceku wehiyeme uju de urkuji[②] meiren de fehufi juleri dalime amala alime urgun sain i acabu saisa sakdambu juru banjibu banjime bayambu wehiyeme wesimbu abdaha de arsumbu fulehe de fusembu jeke jeku be yali de obu omiha muke be umgan de singgebu angga i jeku be amtangga ulebu fulgiyan cira be fulhurembu jalgan golmin fulehe šumin aniya se be ambula bahabuki.(《祭祀祝词书》 求福置柳神箭念神歌，佛立佛多鄂谟锡玛玛之神位，某年生小子，今敬祝者，聚九家之彩线，树柳枝以牵绳，举扬神箭，以祈福佑，以致敬诚悯我某年生小子，悯我某年生小子，绥以多福，承之于首，介以繁祉，服之于膺，千祥荟集，九叙阜盈，亦既孔皆，福禄来成，神兮贶我，神兮佑我，丰于首而仔于肩，卫于后而护于前，畀以嘉祥兮，偕老而成双兮，富厚而丰穰兮，如叶之茂兮，如本之荣兮，食则体腴兮，饮则滋营兮，甘旨其献兮，朱颜其鲜兮，岁其增而根其固兮，年其永而寿其延兮。)

ИВР РАН-СПб

---

① 原文讹作 hosiki。
② 原文讹作 uikufi。

17.＊※《满汉杂条》（manju nikan buyarame meyen i bithe）不分卷

［清］佚名辑，八旗官兵赏罚则例。钞本，线装 1 册，计 20 叶。
页面 23.5×13 厘米。满汉合璧，半叶满、汉文各 4 行。封面书满文题
名。原属格列宾希科夫藏品。

manju nikan buyarame meyen i bithe abkai hesei forgon be aliha,
hūwangdi i hese bi gūnici ba be giyarire kooli be yabubume ofi, doro
yongsu be ujeleme iletulembi, fulehe de karulara dorolon be wesihuleme
ofi, ele ambarame siraha babe gūnimbi, uttu ofi, mafari munggan de
dorolon jifi, wecere kooli be gingguleme yabubume, ging sere unenggi
be akūmbume tucibume, hūturi fengšen imiyanjire be erembi, amcame
gūnici, liyoohai antu mukden i ba serengge, da gemulehe ba inu.（《满
汉杂条》 奉天承运，皇帝诏曰，朕惟典纪巡方，备著隆仪之懋举，
礼崇报本之丕承，故勤展觐于珠邱，恪修祭祀，更布精诚于玉瓒，敬
迓蕃厘，缅夫，辽海隩区，陪京旧积。）

ИВР РАН-СПб

18.＊※《萨满礼仪》（saman i dorolon）不分卷

［清］佚名辑，萨满祭祀仪式介绍。钞本，线装 1 册，计 14 叶。
页面 20.5×12 厘米。满文，半叶 7 行。原书封面阙，计 49 段，每段
开始处以小圈儿标记。

saman i dorolon mukden i baci beyebe iletulefi, julgei na ferguweme
juktehebi, dulimbai gurun de gebu elgifi abkai fejergi giyanggiyame
gungnehebi. dergi jecen ci doro be šanggabufi, julgei na gubci ferguweme
dulimba i gurun de erdemu be selgiyefi abkai fejergi kiyangkiyame
juktehebi.（《萨满礼仪》 由盛京闻名，古时此地皆信仰；于中国扬
名，此时天下皆信奉。为东方所成之道。古时各地皆赞誉，并为中国
宣扬之德，天下人皆信仰祭拜。）

ИВР РАН-СПб

19.＊《晋国宣帝传记书》（jin gurun i siowan di han i juwan i dzan
bithe）不分卷

［清］佚名辑，为西晋王朝奠基人司马懿生平事迹介绍。钞本，线
装 1 册，计 18 叶。页面 25.5×16 厘米。满蒙合璧，半叶满文、蒙古

文各 3—5 行。第 15 叶左上书汉文 "天子三面曰"，第 18 叶左上书汉文 "基之晋以表成"。原书封面阙，计 13 段，每段开始处以小圈儿或小三角标记。原属俄罗斯皇家科学院亚洲博物馆藏品。

jin gurun i siowan di han i juwan i dzan bithe　sy ma i i tukiyehe gebu jung da, ho nei i harangga wen hiyan i ba i niyalma, wei gurun i u di han cengdziyang oho fonde, solifi wen hio yan hafan ohuha bihe. siran siran i wen di han, ming di han be weilefi, ci wang tsoo fang de aisilame tsoo šuwang be waha.

jin olos on siowan di qaɣan o šastir on maydalaya bičig　sy ma i yin ergügsen nere ǰüng da, qo nei yin qariyatu, wen hiyan nereü ɣaǰaraihi kömön boyo. wei olos on u di qaɣan ǰaisanɣ boloɣsan o čaɣ tor, ǰalaǰu wen hiyo yan tüsimel bolɣaɣsan bülüge. tere daraɣar wen di qaɣan , minɣ di qaɣan i üilaičileged, či wanɣ čoo fanɣ dur tusalaǰu čoo šuwanɣ i alabai.（《晋国宣帝传记书》　司马懿字仲达，河内温县人，魏武帝为丞相时，被征召为文学掾，后相继侍奉文帝与明帝。助齐王曹芳杀曹爽。）

ИВР РАН-СПб

20.*《萨满场院书》（saman kūwaran i bithe）不分卷

［清］佚名辑，为萨满祭祀仪式介绍。钞本，线装 1 册，计 14 叶。页面 29×21.5 厘米。满文，半叶 10 行，小字双行。封面书满文题名。

saman kūwaran i bithe　dehude sartudzi dele dele dergimbi, dergi be wargi be bireme šurdere dobori orin ba i sartudzi oilo oilo kicehe onggoho šanggaha be gemu baicara dobori hala musei gejure tukšai gese tumen wecen talman sika i gese tanggū minggan šurdeme ebumbi, ai jalin ebumbi, ajige bonio aningge i jalinde ebumbi, abka na i acan de aisin i wan be caha kai, tere aisin i wan ci aname heteme wasime ai jalin wasime ajige omoloi jalin wasime, sun biyai siden siren i wan be cenglehe, tere siren i wan ci siran siran i sindabu, ai jalin sindabumbi, ajige omolo i jalin de hala musei gejure juwan ilan tekui wecen, ajige omolo enen be šenggin boigo giranggi šeyen turgunde šaman seme šarkibuha geyen seme gekebuhe, dergi dele mafari ajige omolo be sonjome šarafi jalan i bade yarhūngge ergengge.(《萨满场院书》 德呼德·萨尔图芝在上，普遍环绕东西方黑夜，二十里地的萨尔图芝，以求忘记表象的夜晚，吾部祭祀的牛般侵蚀，鬃毛细雾般千回百落。为何飘落，顺着天地间支起的金云梯依次飘落；为何飘落，为儿孙而飘落，顺着日月间撑起的蔓藤梯陆续飘落；为何飘落，为吾部儿孙十三祭飘落。因儿孙后代额净骨白填满青鸦纹刻，先祖择儿孙为在世生灵。）

ИВР РАН-СПб

21. *※《司马模传》(sy ma moi ulabun i bithe) 不分卷

［清］佚名辑，为西晋宗室司马模的介绍。钞本，线装 1 册，计 19 叶。页面 19.5×12 厘米。满文，半叶 10 行。原属布罗塞藏品。

sy ma moi ulabun i bithe sy ma mo i tukiyehe gebu yuwan biyoo, jin gurun i siowan di han sy ma i i duici deo, dergi u hecen heo sy ma kui io molo, g'ao mi wen hiyan wang sy ma tai i duici jui, dergi mederi hiyoošun hiyan wang sy ma yoo i deo. ahūn sy ma yoo i selgiyen be alifi ho giyan wang sy ma yong, ini ilan jui be gemu waha.(《司马模传》 司马模字元表，晋宣帝司马懿四弟东武城侯司马馗之孙，高密文献王司马泰第四子，东海孝献王司马越之弟。受其兄司马越命杀河间王及其三子。）

ИВР РАН-СПб

明末满族原是偏居中国东北一隅的氏族部落，在逐渐融入中华民族共同体的历史进程中，原有的政治经济、社会制度均发生巨大变化。为适应管理需要，新的法律制度不断被制定，由此产生了大量史部和子部文献。这批文献成为俄罗斯了解清代中国社会、政治、法制和民俗的重要资料。

结　语

　　俄罗斯满文珍稀文献中的孤本较少，除《满文创制者巴克什额尔德尼噶盖》《八旗满洲结亲礼书》和《满蒙历史通俗读本》等文献外，其余均为藏于其他国家的稀缺版本或因文种不同而产生的其他版本和外籍来华人员著述文献，如《保产达生篇》《画图缘》《大般若波罗蜜多经》《好逑传》《福音》和《训篇》等；在种类和内容上，俄罗斯满文珍稀文献与欧洲其他国家藏品互相重复亦互相补充，如《天主实义》《天主教要》和《辟释氏诸妄》等；部分珍稀文献虽仅有一部，但不乏其他文种译本，如《威德金刚怖畏尊佛成就法汇易知观咏仪轨文殊慧严大宝聚经》《甘珠尔》和《轻世金书》等；部分珍稀文献虽辑录于存世文献，如《佛号目录》为《诸佛菩萨圣像赞》的残钞本，但辑录者多取材广泛且增加了个人序言、注释、评论等。另外，俄罗斯各馆藏著录卡片与目录在著录文献俄文题名时，亦多采用音译满文题名与意译满汉文题名相结合的方式，如：俄罗斯科学院东方文献研究所藏《御制翻译礼记》，音译满文题名著录作 Хани араха убалијамбуха доролон і номун，意译满文题名作 Ли Цзи переведенное на маньчжурский язык по повелению императора "《奉皇帝之命所译〈礼记〉》"；伊尔库茨克国立大学图书馆藏《清文启蒙》，音译满文题名作 Цин вэнь ци мэн，意译满文题名作 Введение в маньчжурский язык "满语入门"。

　　因中俄两国的地缘关系，满语文在清代中俄外交、贸易和文化交流中发挥了重要作用。18 世纪至 20 世纪初，俄罗斯汉学家（传教士）在研习中华优秀传统文化的同时多深谙满语文。满文文献西传俄罗斯及在中俄文化交流中发挥的作用主要有以下四点：

第一，语言学习。18 世纪 40 年代，罗索欣将《清文启蒙》译为俄文，以《一百条》为底本编写《满俄对话练习》；第七届"俄罗斯东正教驻北京传教团"（1781—1794）学员弗拉德金（А. Г. Владыкин，1761—1811）利用《清文启蒙》《清文指要》等小学类文献编撰《俄罗斯幼学清文》《满文指南》和《俄罗斯幼学清文文法》。19 世纪上半期，卡缅斯基根据《御制清文鉴》《康熙字典》《清文典要大全》《清文汇书》《清文补汇》等工具书编撰《汉蒙满俄拉丁词典》；第十届"俄罗斯东正教驻北京传教团"（1821—1830）医生沃伊采霍夫斯基编撰《满汉语初学课文》《满语语法规则新编》《清文启蒙汉满文分析》等教材。19 世纪下半期，王西里编撰的《满语入门文选》不仅是满语文教科书，同时也是中俄关系史研究的写照，对俄罗斯学生学习满语文及了解中俄关系史有重要意义。19 世纪 60 年代，杂哈劳（Захаров，1814—1885）在王西里的研究成果上编撰《满俄大辞典》，1879 年杂哈劳又将《清文启蒙》《清书指南》《三合便览》和《清文备考》等满文文献融会贯通，编撰《满语语法》。

第二，文献互译。俄罗斯历史上首部满文文献俄文译著为罗索欣与列昂季耶夫合译的《八旗通志》十七卷，随后罗索欣又翻译了图里琛（1667—1740）的《异域录》，并与列昂季耶夫合作将斯莫特利茨基（Смотрицкий，1578—1633）所著《俄语语法》译为满文，用作四译馆俄罗斯文馆的教材。除此之外，列昂季耶夫还翻译了《大清律例》与《大清会典》，而以此为基础编撰的《中国思想》广受俄罗斯人民喜爱，多次再版（阎国栋，2006：574）。1782 年，俄罗斯托博尔斯克神学院（Тобольской Семинарии）学员阿加福诺夫（А. С. Агафонов，1734—1794），翻译了满文《忠经》，并根据《大清圣祖仁皇帝圣训》编译《求言》《圣德》和《论治道》。此后，利波夫措夫翻译了《理藩院则例》，并首次将《吾主耶稣基督新约圣书》译为满文，在欧洲国家广为流传。1793 年，卡缅斯基随第八届"俄罗斯东正教驻北京传教团"（1794—1807）旅居中国期间，翻译了《清文典要》和《三合便览》等，并以《蒙古成吉思汗世系业绩史》为名编译了《元史·本纪》。19 世纪上半期，大量满文文献译为俄文。1831 年，第十届"俄罗斯东正教驻北京传教团"成员列昂季耶夫斯基返回俄罗斯担任外交部亚洲司译员，并于 1834 年出版了俄罗斯文学史上第一部俄译满文文学作品《满文诗歌散文体译文》。19 世纪中期，第十一届"俄罗斯东正教驻北京传教团"（1830—1840）领班安文公将《御制避暑山庄诗》和《御制盛京赋》译为俄文。同时，该团成员罗佐夫（Г. М. Розов，1808—1853）将满文《金史》译为俄文，并将大量满文文献带回俄罗斯。

第三，研究著述。19 世纪中期，第十二届"俄罗斯东正教驻北京传教团"（1840—1849）成员戈尔斯基（В. В. Горский，1819—1847）以《八旗通志初集》《满洲源流考》和《皇清开国方略》等为参考，发表《当今中国清王朝始祖和满族名称由来》和《满洲王朝的肇始与业绩》。这两篇论文因以原始满文文献为基础对满族的族源做了详细考证，在俄罗斯学界受到较高的评价。王西里通过翻译整理满文、汉文、蒙古文和维吾尔文文献发表《论汉语和中亚语言的关系》，试图解读阿尔泰语系语言在结构上的对应关系。19 世纪末，圣彼得堡大学教授伊万诺夫斯基利用满文文献著有《满洲史概要》《满语文学史概论》和《满语转写的西藏经文》等。20 世纪初，格列宾希科夫著有《满语文献范文概论》《满洲人及其语言文字》，为俄罗斯满语文研究著述做出了杰出的贡献（庞晓梅，于洋：2018）。

第四，人才培养。随着俄罗斯与清代中国在贸易、领土和逃人等方面交往的日益密切，满语和汉语人才的需求也日益增加。18 世纪中期，俄罗斯科学院（Российская Академия Наук）、俄罗斯外务院（Российский Совет по Иностранным Делам）均培养了大量精通中国语文的专业人才。罗索欣于俄罗斯科学院开办满汉语文学习班，是首位从事满汉语文教学工作的俄罗斯学者。1763 年，列昂季耶夫于俄罗斯外务院开办满汉语文学习班；1798 年，弗拉德金再次开办满汉语文学习班，其中包括西帕科夫。西帕科夫曾随第十二届"俄罗斯东正教驻北京传教团"在北京期间收集了大量满文文献。

俄罗斯是海外中国文献的收藏中心，亦是海外汉学（满学）的研究中心，自清代起即对中国展开研究。就中国文献的收藏而言，是以汉文为主，包含西夏文、回鹘文、突厥文和八思巴文等其他民族文字的中国文献；就满学研究而言，俄罗斯缺少专门的研究机构，其满学研究均是随汉学研究进行；研究人员的兴趣亦并非旨在满学，而是包含蒙古学、藏学、突厥学在内的中国学，俄罗斯汉学（满学）研究均基于大量中国文献典藏，尤其是学界未知的满文珍稀文献。这批文献为弘扬中华优秀传统文化并为其国际传播提供了坚强支撑。

参考文献

一、古籍文献

［宋］琼瑶真人：《针灸神书》，北京：中医古籍出版社，2007 年版。

［宋］徐子平：《渊海子平》，赵嘉宁注译，北京：中医古籍出版社，2012 年版。

［清］阿桂等：《大清律例》，北京：中华书局，2015 年版。

［清］阿桂等：《御制满珠蒙古汉字三合切音清文鉴》，呼和浩特：内蒙古人民出版社，2016 年版。

［清］常钧：《清话问答四十条》，陆晨满文校注，刘云汉文校注，北京：北京大学出版社，2018 年版。

［清］福隆安等：《钦定五军道里表》，北京：中华书局，2015 年版。

［清］富俊：《清文指要》，［日］竹越孝、陈晓校注，北京：北京大学出版社，2018 年版。

［清］库勒纳等：《日讲书经解义》，平之标点注释，海口：海南出版社，2012 年版。

［清］刘顺：《满汉成语对待》，［日］竹越孝、陈晓校注，北京：北京大学出版社，2018 年版。

［清］刘统勋：《钦定大清律例》，海口：海南出版社，2000 年版。

［清］牛钮、［清］孙在丰：《日讲易经解义》，北京：中央编译出版社，2013 年版。

［清］赛尚阿：《蒙文晰义》，海口：海南出版社，2001 年版。

［清］沈启亮：《大清全书》，沈阳：辽宁民族出版社，2008 年版。

［清］嵩洛峰、［清］徐隆泰：《清文接字·字法举一歌》，北京：北京大学出版社，2018 年版。

［清］屯图：《一学三贯清文鉴》，海口：海南出版社，2001 年版。

［清］万福：《重刻清文虚字指南编》，王晓娜满文校注，刘云、郝小焕汉文校注，

北京：北京大学出版社，2018 年版。

［清］舞格：《清文启蒙》，［日］竹越孝、陈晓校注，北京：北京大学出版社，
　　2018 年版。

［清］宜兴：《庸言知旨》，王磊满文校注，刘云汉文校注，北京：北京大学出版
　　社，2018 年版。

［清］佚名：《清史列传》，王钟翰点校，北京：中华书局，1987 年版。

［清］允禄：《同文韵统》，海口：海南出版社，2001 年版。

［清］张之洞：《劝学篇》，上海：上海书店出版社，2002 年版。

［清］赵尔巽等：《清史稿》，北京：中华书局，1977 年版。

［清］智信、［清］博赫：《一百条·清语易言》，［日］竹越孝、陈晓校注，北京：
　　北京大学出版社，2018 年版。

二、现当代著作

曹之：《中国古籍版本学》，武汉：武汉大学出版社，1992 年版。

陈生玺、杜家骥：《清史研究概说》，天津：天津教育出版社，1991 年版。

陈文新：《历代科举文献整理与研究丛刊》，武汉：武汉大学出版社，2009 年版。

陈兴德：《二十世纪科举观之变迁》，武汉：华中师范大学出版社，2008 年版。

陈元晖：《中国近代教育史资料汇编》，上海：上海教育出版社，2007 年版。

陈祖武：《清代学术源流》，北京：北京师范大学出版社，2012 年版。

程俊英、蒋见元：《诗经注析》，北京：中华书局，2017 年版。

春花：《清代满蒙文词典研究》，沈阳：辽宁民族出版社，2008 年版。

崔宰宇：《汉清文鉴简编》，北京：民族出版社，2005 年版。

德克登额：《尼山萨满全传》，广定远审，张华克译，台北：映玉文化出版社，
　　2007 年版。

邓建新：《章嘉呼图克图研究》，北京：宗教文化出版社，2010 年版。

杜泽逊：《文献学概要》，北京：中华书局，2001 年版。

冯尔康：《18 世纪以来中国家族的现代转向》，上海：上海人民出版社，2005 年版。

富丽：《世界满文文献目录（初编）》，北京：中国民族古文字研究会，1983 年版。

顾长声：《传教士与近代中国》，上海：上海人民出版社，1981 年版。

郭康松：《清代考据学研究》，武汉：崇文书局，2001 年版。

郭英德、于雪棠：《中国古典文献学的理论与方法》，北京：北京师范大学出版

社，2008 年版。

何海燕：《清代〈诗经〉学研究》，北京：人民出版社，2011 年版。

何砺砻：《内蒙古自治区图书馆满文古籍图书综录》，桂林：广西师范大学出版
　　社，2022 年版。

何寅、许光华：《国外汉学史》，上海：上海外语教育出版社，2002 年版。

洪湛侯：《诗经学史》，北京：中华书局，2002 年版。

胡平生：《孝经译注》，北京：中华书局，1996 年版。

黄润华：《国家图书馆藏满文文献图录》，北京：国家图书馆出版社，2010 年版。

黄润华、屈六生：《全国满文图书资料联合目录》，北京：书目文献出版社，1991
　　年版。

黄润华、屈六生：《满文文献知见录》，沈阳：辽宁民族出版社，2022 年版。

黄永年：《古籍整理概论》，西安：陕西人民出版社，1985 年版。

江桥：《康熙〈御制清文鉴〉研究》，北京：北京燕山出版社，2001 年版。

金荣：《清代蒙译本〈水浒传〉研究》，沈阳：辽宁民族出版社，2019 年版。

寇淑慧：《二十世纪诗经研究文献目录》，北京：学苑出版社，2001 年版。

来新夏：《近三百年人物年谱知见录》（增订本），北京：中华书局，2010 年版。

李瑞良：《中国古代图书流通史》，上海：上海人民出版社，2000 年版。

李润强：《清代进士群体与学术文化》，北京：中国社会科学出版社，2007 年版。

李世愉：《清代科举制度考辨》，沈阳：沈阳出版社，2005 年版。

梁启超：《清代学术概论》，北京：中华书局，2011 年版。

刘厚生：《旧满洲档研究》，长春：吉林文史出版社，1993 年版。

刘淑云、宋柏林：《中国满族医药》，北京：中国中医药出版社，2015 年版。

刘耘华：《诠释的圆环——明末清初传教士对儒家经典的解释及其本土回应》，北
　　京：北京大学出版社，2005 年版。

卢秀丽、阎向东：《辽宁省图书馆满文古籍图书综录》，沈阳：辽宁民族出版社，
　　2002 年版。

罗炳良：《清代乾嘉历史考证学研究》，北京：北京图书馆出版社，2007 年版。

洛桑却吉尼玛：《章嘉国师若必多吉传》，北京：中国藏学出版社，2007 年版。

马祖毅、任荣珍：《汉籍外译史》，武汉：湖北教育出版社，1997 年版。

潘玉田、陈永刚：《中西文献交流史》，北京：北京图书馆出版社，1999 年版。

钱实甫：《清代职官年表》，北京：中华书局，1980 年版。

裴锡圭：《中国出土古文献十讲》，上海：复旦大学出版社，2004 年版。

商衍鎏：《清代科举考试述录及有关著作》，天津：百花文艺出版社，2004 年版。

宋和平：《〈尼山萨满〉研究》，北京：社会科学文献出版社，1998 年版。

孙钦善：《中国古文献学史》，北京：中华书局，1994 年版。

陶飞亚、吴梓明：《基督教大学与国学研究》，福州：福建教育出版社，1998 年版。

佟永功：《功在史册：满语满文及文献》，沈阳：辽海出版社，1997 年版。

王敌非：《欧洲满文文献总目提要》，北京：中华书局，2021 年版。

王宇、潘德利：《中国古籍文献流散与回归》，北京：中国社会科学出版社，2012 年版。

王玉超：《明清科举与小说》，北京：商务印书馆，2013 年版。

吴枫：《中国古典文献学》，济南：齐鲁书社，2005 年版。

吴元丰：《美国哈佛大学哈佛燕京图书馆藏满文文献选编》，桂林：广西师范大学 出版社，2021 年版。

夏传才：《诗经研究史概要》，北京：清华大学出版社，2007 年版。

项楚、罗鹭：《中国古典文献学》，北京：中国人民大学出版社，2013 年版。

徐德明：《清人学术笔记提要》，北京：学苑出版社，2004 年版。

徐善伟：《东学西渐与西方文化的复兴》，上海：上海人民出版社，2002 年版。

许逸民：《古籍整理释例》，北京：中华书局，2011 年版。

严建强：《18 世纪中国文化在西欧的传播及其反应》，北京：中国美术学院出版 社，2002 年版。

阎崇年：《20 世纪世界满学著作提要》，北京：民族出版社，2003 年版。

阎国栋：《俄国汉学史（迄于 1917 年）》，北京：人民出版社，2006 年版。

袁行云：《清人诗集叙录》，北京：文化艺术出版社，1994 年版。

张公谨：《中国民族古籍研究 60 年》，北京：中央民族大学出版社，2010 年版。

张国刚：《从中西初识到礼仪之争——明清传教士与中西文化交流》，北京：人民 出版社，2003 年版。

张海惠、王炬：《二十世纪中国少数民族文献分布及学术研究成果——国际性书 目之书目》，北京：商务印书馆，2006 年版。

张美兰、刘曼：《〈清文指要〉汇校与语言研究》，上海：上海教育出版社，2013 年版。

张三夕：《中国古典文献学》（第二版），武汉：华中师范大学出版社，2011 年版。

张舜徽:《四库提要叙讲疏》,昆明:云南人民出版社,2005 年版。

张舜徽:《文献学论著辑要》,北京:中国人民大学出版社,2011 年版。

赵春梅:《瓦西里耶夫与中国》,北京:学苑出版社,2007 年版。

赵国璋、潘树广:《文献学大辞典》,扬州:广陵书社,2005 年版。

中国第一历史档案馆:《清中前期西洋天主教在华活动档案史料》,北京:中华书
   局,2003 年版。

中国社会科学院文献情报中心:《俄苏中国学手册》,北京:中国社会科学出版
   社,1986 年版。

周齐:《清代佛教与政治文化》,北京:人民出版社,2015 年版。

周庆山:《文献传播学》,北京:书目文献出版社,1997 年版。

朱崇先:《中国少数民族古典文献学》,北京:民族出版社,2005 年版。

Волкова, М. П. *Нишань Самана Битхэ Предание о Нишанской Шаманке*, 1961.

—— *Описание Маньчжурских Рукописей Института Народов Азии Ан СССР,
Издательство 'наука' Главная Редакция Восточной Литературы.* Москва,
1965.

—— *Описание Маньчжурских Ксилогафов Института Востоковедения Ан
СССР, Издательство 'наука' Главная Редакция Восточной Литературы.*
Москва, 1988.

Dorn, Bernhard. *Catalogue des Manuscrits et Xylographes Orientaux de la Biblio-
thèque Impériale Publique de St. Pétersbourg.* St. Pétersbourg, 1852.

Fuchs, Walter. *Chinesische und Mandjurische Handschriften und Seltene Drucke,
Nebst einer Standortliste der Sonstigen Mandjurica.* Wiesbaden: Steiner, 1966.

Landresse, Clerc de. *Catalogue des Livres Imprimes, des Manuscrits et des Ou-
vrages Chinois, Tartares, Japonais, etc., Composant la Bibliotheque de Feu M.
Klaproth.* Paris: R. Merlin, 1839.

Ковалевский, А. М. *Каталог Санкритским, Монгольским, Тибетским, Мандж-
урскин и Китайским Книгам и Рукописям в Библиотеке Императорского
Казанского Университета Хранясчимся.* Казань, 1834.

Klaproth, Heinrich Julius. *Verzeichnis der Chinesischen und Mandshuischen Büch-
er und Handschriften in der Bibliothek der Kaiserlichen Akademie der Wisssen-*

schaften. Paris, 1810.

Stary, Giovanni. *New Light on Manchu Historiography and Literature: The Discovery of Three Documents in Old Manchu Script*. Wiesbaden: Harrassowitz Verlag, 1998.

Pang, Tatjana A. *Descriptive Catalogue of Manchu Manuscripts and Blockprints in the St. Petersburg Branch of the Institute of Oriental Studies Russian Academy of Sciences*. Wiesbaden: Harrassowitz Verlag, 2001.

Walravens, Hartmut. *Buddhist Literature of the Manchus: A Catalogue of the Manchu Holdings in the Raghu Vira Collection at the International Academy of Indian Culture*. New Delhi, 1981.

—— *Peter Schmidt-Ostasienwissenschaftler, Linguist und Folklorist. Eine Vorläufige Biographie*. Hamburg, 1982.

—— *Mandjurische Bücher in Rußland: Drei Bestandskataloge*. Hamburg: C. Bell Verlag, 1986.

—— *Catalogue of Chinese Books in the Library of the Wellcome Institute for the History of Medicine*. London: Wellcome, 1994.

—— *Portraits of Meritorious Officers, Accompanied by Manchu Eulogies*. Wiesbaden: Harrassowitz Verlag, 1994.

—— *Bibliographie der Bibliographien der Mandjurischen Literatur*. Wiesbaden: Harrassowitz Verlag, 1996.

—— *Katalog Mandjurischer Handschriften und Blockdruke in den Sammlungen der Bibliothek der Orientalischen Fakultät der Sankt-Petersburger Universität*. Wiesbaden: Harrassowitz Verlag, 2001.

Яхонтов, К. С. *Каталог Книг на Маньчжурском Языке, Хранящихся в Фондах Библиотеки Восточного Факулитета Ленинградского Универстета*. Ленинград, 1986.

—— *Китайские и Маньчжурские Книгн в Иркутске, Российская Академия Наук Институт*, 1994.

Яхонтов, К. С. и Васильева, О. В. *Маньчжурские Рукописи и Ксилографы Государственной Публичной Библиотеки Имени М. Е. Салтыкова-Щедрина: Систематический Каталог*. Ленинград, 1991.

三、外文译著

［俄］В. М. 阿列克谢耶夫：《〈二十四诗品〉研究——阿列克谢耶夫汉学论集》，路雪莹译，北京：北京大学出版社，2019 年版。

［苏］А. Ф. 阿尼西莫夫：《西伯利亚埃文克人的原始宗教（古代氏族宗教和萨满教）——论原始宗教观念的起源》，于锦绣译，于静编校整理，北京：中国社会科学出版社，2016 年版。

［俄］В. Г. 达岑申：《俄罗斯汉学史 1917—1945：俄国革命至第二次世界大战期间的中国研究》，张鸿彦译，北京：北京大学出版社，2019 年版。

［俄］弗拉基米尔·雅可夫列维奇·普罗普：《故事形态学》，贾放译，北京：中华书局，2006 年版。

［俄］弗拉基米尔·雅可夫列维奇·普罗普：《神奇故事的历史根源》，贾放译，北京：中华书局，2006 年版。

［俄］В. А. 季什科夫：《民族政治学论集》，高永久、韩莉译，北京：民族出版社，2008 年版。

［俄］米·列·季塔连科：《汉学传统与东亚文明关系论——季塔连科汉学论集》，李明滨、刘宏编选，北京：北京大学出版社，2018 年版。

［俄］Е. И. 杰列维扬科：《黑龙江沿岸的部落》，林树山、姚凤译，长春：吉林文史出版社，1987 年版。

［俄］А. В. 罗曼诺夫：《崛起中国的"新汉学"》，张冰译，《比较文学与世界文学》2013 年第 2 期。

［苏］李福清：《中国古典文学研究在苏联（小说·戏曲）》，田大畏译，北京：书目文献出版社，1987 年版。

［意］利玛窦：《天主实义今注》，［法］梅谦立注，谭杰校勘，北京：商务印书馆，2014 年版。

［俄］Р. 马克：《黑龙江旅行记》，吉林省哲学社会科学研究所翻译组译，北京：商务印书馆，1977 年版。

［俄］Н. Л. 玛玛耶娃：《俄罗斯汉学的基本方向及其问题》，李志强、张冰等译，北京：北京大学出版社，2018 年版。

［俄］叶·莫·梅列金斯基：《神话的诗学》，魏庆征译，北京：商务印书馆，1990 年版。

［俄］E. M. 梅列金斯基：《英雄史诗的起源》，王亚民、张淑明、刘玉芹译，赵秋
　　长校，北京：商务印书馆，2007 年版。

［俄］庞晓梅：《格列宾希科夫和他的满语、民族志与萨满教研究》，于洋译，《吉
　　林师范大学学报》（人文社会科学版）2018 年第 3 期。

［俄］Л. C. 佩列洛莫夫：《儒家人性观对欧洲和俄国文化名人的影响》，陈敬毅
　　译，《孔子研究》1988 年第 2 期。

［俄］C. Л. 齐赫文斯基：《回到天安门：俄罗斯著名汉学家齐赫文斯基回忆录》，
　　马贵凡、刘存宽、陈春华译，北京：中共党史出版社，2004 年版。

［俄］齐赫文斯基：《见证中国近代史变迁——齐赫文斯基汉学论集》，孙玉华编
　　选，北京：北京大学出版社，2018 年版。

［俄］史禄国：《北方通古斯民族的社会组织》，吴有刚、赵复兴、孟克译，呼和
　　浩特：内蒙古人民出版社，1985 年版。

［俄］Π. E. 斯卡奇科夫、B. C. 米亚斯尼科夫：《俄罗斯汉学史》，柳若梅译，白
　　春仁外文校订，汤开建中文校订，北京：社会科学文献出版社，2011 年版。

［苏］M. Π. 沃尔科娃：《满学》，白滨译，《民族译丛》1979 年第 3 期。

［俄］E. A. 谢列布里亚科夫：《中国古典诗词论——谢列布里亚科夫汉学论集》，
　　李明滨、张冰编选，北京：北京大学出版社，2018 年版。

［俄］谢·托罗普采夫：《俄罗斯 1990 年代至今的中国文化研究》，张冰译，载
　　《俄罗斯文艺》2016 年第 4 期。

四、研究论文

安慈莎：《俄罗斯汉语教学的历史、现状和展望》，辽宁师范大学硕士学位论文，
　　2020 年。

白杨、白璐、张晶晶：《中国现代小说的俄译研究特征与批评范式》，《青年文学
　　家》2019 年第 9 期。

曹静：《中国传统启蒙读物〈改良绘图幼学杂字〉——基于全面发展视角下的解
　　读》，《邯郸学院学报》2020 年第 2 期。

曹欣怡：《俄国东正教驻京传教团的汉语学术与实践活动探究》，上海外国语大学
　　硕士学位论文，2020 年。

长山、季永海：《锡伯族叙事诗〈荞麦花开〉的版本与艺术特点》，《民族文学研
　　究》2015 年第 3 期。

陈友冰：《苏俄的中国古典文学研究历程及学术特征》，《长江学术》2007年第2期。

春花：《〈御制五休清文鉴〉编者及编纂年代考》，《满语研究》2014年第1期。

段洁滨：《遗散在俄罗斯伊尔库斯克的中国古籍》，《晋图学刊》2001年第1期。

冯国荣、侯德彤：《中学西渐的历史线索及相关研究课题》，《东方论坛》2004年第5期。

冯术东：《殊像寺与满文大藏经》，《文物春秋》2005年第1期。

富丽：《满文诗歌〈告别盛京〉的研究与翻译》，《满语研究》1994年第2期。

富丽：《满文文献整理纵横谈》，《中央民族学院学报》1984年第3期。

富丽：《满族、满文诗歌及其格律》，载《满学研究》（第六辑），北京：民族出版社，2005年版。

富丽：《谈谈满文诗歌的特点》，《中央民族学院学报》1980年第4期。

关嘉禄：《20世纪中国满文文献的整理研究》，《中国史研究动态》2002年第12期。

何欣：《〈悟真篇〉的早期流传》，《老子学刊》2018年第1期。

何哲：《清代的中学西渐及其影响论略》，《暨南学报》（哲学社会科学）1983年第3期。

贺灵：《清代满文文献概论》，《西域研究》2004年第1期。

黄润华：《满文坊刻图书述论》，《文献》1999年第2期。

季永海：《漫谈满文古籍文献及其整理》，载贾春光、吴肃民、关照宏编《民族古籍研究》，北京：民族出版社，1987年版。

贾顺先、贾海宁：《论儒学与西方文化的交流、互补和创新》，《四川大学学报》（哲学社会科学版）2001年第1期。

孔令伟：《〈金刚经〉满文译本初探——论满洲本位政策与清代译经事业》，载沈卫荣主编《文本中的历史：藏传佛教在西域和中原的传播》，北京：中国藏学出版社，2012年版。

李丛：《〈察病指南〉主要学术特色及贡献》，《江西中医药》2007年第4期。

李文化、陈虹：《〈癸亥年更流部〉苏州码子释读》，《南海学刊》2020年第4期。

李逸津：《17世纪俄罗斯开辟对华通道的出使活动》，《历史教学》2003年第5期。

李逸津：《19—20世纪俄罗斯对中国古典小说的译介与研究》，《历史教学》1998年第8期。

李逸津：《俄藏中国古籍整理与研究的成绩和不足》，《欧亚人文研究》2020年第1期。

李逸津：《俄罗斯圣彼得堡大学东方系图书馆所藏王西里院士的中国书籍》，《古典文学知识》2019 年第 2 期。

李逸津：《俄罗斯中国俗文学研究述略》，《天津师范大学学报》（社会科学版）2011 年第 1 期。

林文庆：《出土文献所见秦、汉律对家庭伦常的规范》，载《黄河文明与可持续发展》（第 15 辑），郑州：河南大学出版社，2020 年版。

林怡、戴铭：《八桂医学之中医学术流派述略》，《中医文献杂志》2015 年第 1 期。

刘亚丁：《中俄文化的相遇与相互理解——对话俄罗斯著名汉学家卢基扬诺夫》，《中国社会科学报》2017 年 1 月 5 日。

柳若梅：《〈史记〉在俄罗斯的收藏与翻译》，《广东社会科学》2014 年第 3 期。

柳若梅：《〈庄子〉的俄语译本小议》，《国际汉学》2012 年第 2 期。

柳若梅：《俄罗斯档案馆藏北堂西文书目考》，《文献》2020 年第 2 期。

柳若梅：《清前中期语言与世界语言学史》，《清史研究》2015 年第 1 期。

罗文华：《满文〈大藏经〉编纂考略》，《中国历史文物》2005 年第 3 期。

罗争鸣：《张伯端及其〈悟真篇〉诸问题的再检讨》，《中国文学研究》2021 年第 2 期。

马丹、傅海燕：《〈王叔和脉诀图要俗解大全〉勘误举隅》，《中医文献杂志》2018 年第 6 期。

孟庆云：《古典医籍的校勘》，《中医药学报》1984 年第 4 期。

孟庆云：《亟斋居士和他的〈急应奇方〉》，《中医药文化》2006 年第 2 期。

梦兰：《俄罗斯喀山帝国大学东方学研究中心早期汉学与汉教研究》，厦门大学硕士学位论文，2019 年。

聂鸿音：《谢德林图书馆收藏的满文写本和刻本》，《满语研究》2004 年第 1 期。

彭屾：《俄罗斯版〈中国通史〉（第二卷）的翻译与评价》，《西伯利亚研究》2020 年第 5 期。

宋巧燕：《论明清之际耶稣会士译著文献的思想倾向》，《南方论刊》2008 年第 3 期。

宋晓梅：《俄罗斯科学院东方学所及所藏中国学文献》，《中国史研究动态》1998 年第 9 期。

塔伊尔江：《〈五体清文鉴〉及其研究述评》，《语言与翻译》1988 年第 4 期。

佟克力：《俄罗斯满学学者与满学研究》，《满语研究》2006 年第 1 期。

佟永功、季永海：《从满文文献看满语的形动词》，《中央民族学院学报》1985 年第 3 期。

王辉：《新教传教士译者对孔子和儒家经典的认识》，《孔子研究》2011 年第 5 期。

王立群：《李福清中国神话研究：在国际视野下构筑中国神话体系》，《国际汉学》
　　2020 年第 2 期。

王灵芝：《〈论语〉在俄罗斯的译介历程》，《孔子研究》2011 年第 1 期。

王瑞婷、邹锦、陶晓华：《宋代〈伤寒论〉歌赋类著作特点研究》，《中医文献杂
　　志》2017 年第 4 期。

王晓菊：《近年国内的俄罗斯史研究》，《世界历史》2011 年第 2 期。

王育林、温佳雨、付鹏：《〈中国中医古籍总目〉著录国家图书馆所藏医籍补正》，
　　《中医学报》2021 年第 3 期。

温佳雨、王育林、付鹏：《国家图书馆藏中医古籍稿抄孤本考论》，《中国医药导
　　报》2021 年第 6 期。

翁连溪：《乾隆版满文〈大藏经〉刊刻述略》，《故宫博物院院刊》2001 年第 6 期。

乌兰其木格：《试论民族文字文献目录分类法及其存在的问题——以蒙古文、满文
　　文献目录为中心》，《内蒙古师范大学学报》（哲学社会科学版）2013 年第 5 期。

邬晓东、曾雪璐：《〈达生篇〉撰者叶风考补》，《安徽中医药大学学报》2020 年第
　　1 期。

吴承艳、吴承玉：《宋代诊断学名著〈察病指南〉研究》，《中国中医基础医学杂
　　志》2013 年第 8 期。

肖玉秋、阎国栋：《清代俄罗斯馆与北京黄寺的交往——以 19 世纪 20—30 年代
　　俄罗斯馆成员记述为基础》，《世界宗教研究》2020 年第 4 期。

肖玉秋：《1917 年前俄国关于驻北京传教团政策的演变》，《南开学报》（哲学社会
　　科学版）2013 年第 1 期。

肖玉秋：《1917 年前俄国东正教传教团在华开立学堂考略》，《世界宗教文化》
　　2011 年第 3 期。

肖玉秋：《1715 年至 20 世纪初俄国驻北京传教士团研究》，《世界历史》2004 年
　　第 5 期。

肖玉秋：《19 世纪下半期俄国东正教驻北京传教士团宗教活动分析》，载南开大学
　　世界近现代史研究中心编《世界近现代史研究》（第四辑），北京：中国社会科
　　学出版社，2007 年版。

肖玉秋：《北京俄罗斯旗人的历史与命运》，《南开学报》（哲学社会科学版）2017

年第 2 期。

肖玉秋：《东正教在直隶省永平府地区的传播（1898—1917）》，《世界近现代史
　　研究》（第十三辑），北京：社会科学文献出版社，2016 年。

肖玉秋：《俄国东正教驻北京传教团监护官考略》，《清史研究》2010 年第 2 期。

肖玉秋：《俄国驻北京传教士团东正教经书汉译与刊印活动述略》，《世界宗教研
　　究》2006 年第 1 期。

肖玉秋：《论俄国东正教驻北京传教士团的特殊性》，《俄罗斯研究》2008 年第 1 期。

肖玉秋：《清季俄罗斯文馆延聘俄人教习研究》，《史学月刊》2008 年第 12 期。

肖玉秋：《试论俄国东正教驻北京传教士团文化与外交活动》，《世界历史》2005
　　年第 6 期。

肖玉秋：《试论清代中俄文化交流的不平衡性》，《史学集刊》2008 年第 4 期。

肖玉秋：《晚清赴俄使臣的俄国历史文化观》，《世界近现代史研究》（第十辑），
　　北京：社会科学文献出版社，2013 年。

晓春：《乾隆帝敕修民族语文辞书及对民族语言发展方面的作为》，《满语研究》
　　2016 年第 1 期。

谢成侠：《关于长沙马王堆汉墓帛书〈相马经〉的探讨》，《文物》1977 年第 8 期。

薛中华、杨玉辉、丁威：《论中国传统医道辟谷及其主要思想》，《中华中医药杂
　　志》2022 年第 9 期。

阎国栋、梁中奇：《19 世纪上半期俄国人来华行纪与俄国人中国观的转向》，《俄
　　罗斯文艺》2017 年第 1 期。

阎国栋：《18 世纪俄国的“中国风”探源》，《俄罗斯文艺》2003 年第 4 期。

阎国栋：《18 世纪中俄图书交流研究》，《俄罗斯研究》2007 年第 1 期。

阎国栋：《帝俄满学的历史与成就》，《多元视野中的中外关系史研究——中国中
　　外关系史学会第六届会员代表大会论文集》，2005 年。

于永敏：《中国满文古医籍译著考述》，《中国科技史料》1993 年第 4 期。

詹石窗、何欣：《国图藏〈周易悟真篇图注〉考论》，《世界宗教研究》2019 年第
　　5 期。

张峰峰、武沐：《清代新疆东布鲁特属部考》，《西域研究》2017 年第 2 期。

张嘉宾：《黑龙江流域的通古斯人及其传统文化》，《黑龙江民族丛刊》2003 年第
　　2 期。

张琪：《乌药顺气散之临证应用》，《中医药信息》1987 年第 1 期。

张淑娟：《〈楚辞〉在俄罗斯的传播》，《俄罗斯文艺》2011 年第 4 期。

张淑娟：《俄罗斯对唐诗选的翻译》，《国际汉学》2019 年第 3 期。

张智炳：《曾国藩古文思想的文化反思与伦理重塑》，《明清文学与文献》（第九辑），北京：社会科学文献出版社，2020 年版。

章宏伟：《〈清文翻译全藏经〉丛考》，《满语研究》2008 年第 2 期。

章宏伟：《〈清文全藏经〉译刻起止时间研究》，《社会科学战线》2006 年第 5 期。

赵凤彩：《儒经在俄罗斯的译介及其文化意象》，《兰州学刊》2011 年第 1 期。

赵逵夫：《马王堆汉墓帛书〈相马经〉发微》，《文献》1989 年第 4 期。

郑利锋：《问难与辩释：明末佛耶"虚实"之辩——以〈天主实义〉和〈原道辟邪说〉为中心》，《宗教学研究》2022 年第 3 期。

朱志瑜：《〈天主实义〉：利玛窦天主教词汇的翻译策略》，《中国翻译》2008 年第 6 期。

Бурыкин, А. А. "Тунгусские Шаманские Заклинания XVIII в. в Записях Я. И. Линденау". *Системные Исследования Взаимосвязи Древних Культур Сибири и Северной Америки* 1997 (5): 62–81.

Gimm, Martin. "Die Manjurischen Bestand der Bibliothèque de la Sorbonne in Paris". *Central Aisatic Journal*, Vol. 43, 1999 (1): 99–114.

—— "The Manchu Translations of Chinese Novels and Short Stories: An Attempt at an Inventory", *Literary Migrations: Traditional Chinese Fiction in Aisa (17–20th Centuries)*, ISEAS-Yusof Ishak Institute, 1987: 143–208.

Kanda, Nobuo. "Present State of Preservation of Manchu Literature". *Memoirs of the Toyo Bunko,* 1968 (26): 63–95.

Möllendorff, Paul Georg. "Essay on Manchu Literature". *Journal of the North China Branch of the Royal Asiatic Society*, 1889 (24): 1–45.

Пан, Т.А. "Маньчжурско-китайский Диплом Гаомин 誥命 (В 108 mss) из Коллекции ИВР РАН". *Письменные Памятники Востока*. Том 17, 2020 (4): 24–32.

—— "Маньчжурско-китайский Цзыди Шу «Как ели краба». Перевод с Маньчжурского и Китайского, Предисловие и Комментарии". *Письменные Памятники Востока*. Том 19, 2022 (2): 20–36.

—— "Маньчжурско-китайский Диплом Гаомин 誥 命 из Коллекции Н. П. Лихачева". *Письменные Памятники Востока*. Том 18, 2021 (3): 25–31.

—— "Три Императорских Диплома Гаомин 誥 命 из Коллекции ИВР РАН". *Письменные Памятники Востока*. Том 17, 2020 (1): 5–20.

Pang, Tatjana A. "Altaic Religious Beliefs and Practices: Manchu Wedding Ceremony". *Proceeding of the 33rd Meeting of the Permanent International Altaistic Conference*, 1990: 67–73.

—— "Rare Manchu Manuscript from the Collection of the St. Petersburg Branch of the Institute of Oriental Studies, Russian Academy of Sciences". *International Journal for Oriental Manuscript Research*, Vol. 1, 1995 (3): 33–46.

—— "The Manchu Script Reform of 1632: New Data and New Questions". *Studia Orientalia,* 1999 (87): 201–206.

—— "A Manchu Manuscript on Acupuncture". *Manuscripta Orientalia*, Vol. 5, 1999 (2): 67–73.

—— "A Manchu-Mongolian Diploma Given to the Wife of a Mongolian Nobleman". *Written Momuments of the Orient*, 2015 (1): 78–86.

—— "The Imperial Patent of the Kangxi Period in the Collection of the Institute of Oriental Manuscripts, Russian Academy of Sciences". *Written Momuments of the Orient,* 2018 (1):88–95.

—— "The Manchu-Chinese Gaoming Diploma (B 108mss) from the Collection of the IOM RAS". *Written Momuments of the Orient*, 2020 (4) :24–32.

Pang, T. A. and Pchelin, N. G. "The Qing Imperial Credentials in the St. Petersburg Collections". *Manuscripta Orientalia,* Vol. 9, 2003 (1): 19–25.

Pang, T. A. and Pchelin, Nicholay. "Portraits of Qing Meritorious Offices in the Collection of the State Hermitage: Scroll Restortation and Revised Reading of the texts". *Written Momuments of the Orient,* 2017 (2): 88–110.

Pang, T. A. and Stary G. "On the Discovery of a Printed Manchu Text Based on Euclid's 'Elements' ". *Manuscripta Orientalia,* Vol. 6, 2000 (4): 49–56.

Tsyrempilov, Nikolay and Vanchikova, Tsymzhit. "Annotated Catalogue of the Collection of Mongolian Manuscripts and Xylographs M I of the Institute of Mongolian, Tibetan and Buddhist Studies of Siberian Branch of Russian Academy of Sciences". *CNEAS Monograph,* 2004 (17): Sendai.

Walravens, Hartmut. "Kazan's Role as a Centre of Oriental Studies: Resources for Manchu and Mongolia Studies". *Zentralasiatische Studien,* 2011 (40): 305–311.

—— "Neues zur Bibliographie der Mandschrischen Literatur". *Ural-Altaische Jahrbücher NF,* 2012/13 (25): 241–246.

各机构藏文献索引

[文献名，文献所藏机构缩写（索书编号）……]

A

安乐铭戒书，ИВР РАН-СПб（C8mss）

B

八旗满洲结亲礼书，ИВР РАН-СПб（A116mss）
百言警示篇，ИВР РАН-СПб（E24mss）
般若总略集，ВФСПУБ-СПб（Мд262-31/V. U. 93-31）
宝积经成语，ВФСПУБ-СПб（Мд264/Xyl Q146）
宝匣经，ВФСПУБ-СПб（Мд263-1/V.U.95-1）
保产达生篇，ИВР РАН-СПб（B224xyl）
稗史文学，ИВР РАН-СПб（B20mss）
伯乐相马图，ИВР РАН-СПб（B66mss）
薄伽婆帝般若波罗蜜多经，ВФСПУБ-СПб（Xyl521/plg 80）

C

禅真后史，ИВР РАН-СПб（A45mss、A65mss、B9mss、B47mss、B74mss）
长城志，ИВР РАН-СПб（A106mss）
重刻引痘新法，ИВР РАН-СПб（B75mss）

D

大般若波罗蜜多经，РНБ-СПб（OP.маньж н.с.No.17）

大清国喀什噶尔歌，ИВР РАН-СПб（A16mss）

大清国日本国共战书，ИВР РАII-СПб（A154 mss）

大清皇帝论，ИВР РАН-СПб（B29mss）

地方歌，ИВР РАН-СПб（A51mss）

定孝文庙乐舞诏，ИВР РАН-СПб（A126mss）

东汉演义，ИВР РАН-СПб（A77mss）

东周列国志，ИВР РАН-СПб（A62mss）

痘科类编释议，ВФСПУБ-СПб（Мд40/Xyl 386）

痘症诊治通解，ИВР РАН-СПб（B80mss）

E

额敏和卓传，ИВР РАН-СПб（B37mss）

二十四孝故事，ИВР РАН-СПб（A33mss、A127mss）

F

翻译针灸书，ВФСПУБ-СПб（Мд248/Xyl F.8）

凤凰池，ИВР РАН-СПб（A97mss）

佛号目录，ИВР РАН-СПб（A1mss）

福音，ИВР РАН-СПб（B171xyl）

父母之恩，ИВР РАН-СПб（A153mss）

G

甘珠尔，ВФСПУБ-СПб（Мд253/Xyl Q140）

告别盛京歌，ИВР РАН-СПб（A29mss）

古圣歌书，ИВР РАН-СПб（A151mss）

故事，ИВР РАН-СПб（A104mss）

关公过五关曲，ИВР РАН-СПб（A13mss）

观世音仪轨，ВФСПУБ-СПб（Мд263-3/V.U. 95-3）

规书，ИВР РАН-СПб（B35mss）

H

汉字金刚经，ИВР РАН-СПб（C29mss）；РНБ-СПб（OP.Дорн660）

好逑传，ИВР РАН-СПб（B11mss）

赫哲生活，ИВР РАН-СПб（A162mss）

画图缘，ИВР РАН-СПб（B62mss）

汇篇，ИВР РАН-СПб（A15mss）

J

基督秘密，ИВР РАН-СПб（A139mss）

基督生平，ИВР РАН-СПб（B14mss）

集满语书，ИВР РАН-СПб（C37mss）

几何原本，ИВР РАН-СПб（C291xyl）

祭祀祝词书，ИВР РАН-СПб（A129mss）

简明章程，ИВР РАН-СПб（C15mss）

教义问答，ИВР РАН-СПб（A144mss）

金云翘传，ИВР РАН-СПб（B31mss）；РНБ-СПб（ОР. Ф.542）

晋国宣帝传记书，ИВР РАН-СПб（A117mss）

京城风貌，ИВР РАН-СПб（B26mss）

L

老人听闻伊犁战事回忆志书，ИВР РАН-СПб（A119mss）

连话，ИВР РАН-СПб（B12mss）

龙兴歌，ИВР РАН-СПб（A53mss）

泷冈阡表，ИВР РАН-СПб（B45mss）

隆学校以端士习，ИВР РАН-СПб（C42mss）

绿救度佛母白救度佛母赞，ВФСПУБ-СПб（Мд136/Xyl Q 445）；ИВР

  РАН-СПб（C126xyl）

M

满汉同文新出对象蒙古杂字，РНБ-СПб（ОР. Дорн 839）

满汉问答指明总言全类杂字，ИВР РАН-СПб（A13xyl）

满汉幼学杂字，ИВР РАН-СПб（A12xyl）

满汉杂条，ИВР РАН-СПб（A128mss）

满蒙单话，ИВР РАН-СПб（B3mss）

满蒙历史通俗读本，ИВР РАН-СПб（A111 mss）

满文创制者巴克什额尔德尼噶盖，ИВР РАН-СПб（C58mss）

茅廧编珠，ИВР РАН-СПб（B17mss）

N

内外臣工职司总录，ИВР РАН-СПб（A56mss）

尼山萨满书，ИВР РАН-СПб（A124mss、C67mss）

拈香礼拜偈，ВФСПУБ-СПб（Мд262-33/V. U. 93-33）

P

辟释氏诸妄，ИВР РАН-СПб（7：B148xyl、B151xyl、B152xyl、B164xyl、
　　B165xyl、B166xyl、B167xyl）；ВФСПУБ-СПб（4：Мд20/Xyl81/V.32、
　　Мд20д/dbl Xyl81、Мд20д1/Xyl69/V.20、Мд39/Xyl 1055/Ln.103）

辟释氏诸妄，ИВР РАН-СПб（A84mss）

辟妄说，ВФСПУБ-СПб（Мд19/Xyl 80/V.31）

Q

妻鸦秘密，ИВР РАН-СПб（A83mss）

乾隆御制重刻心经全本序，ВФСПУБ-СПб（Мд262-1/V.U.93-1）；
　　ИВР РАН-СПб（C267xyl）

轻世金书，ВФСПУБ-СПб（Plg 10/Xyl 105）

清汉行文语类汇钞，ИВР РАН-СПб（A69mss）

R

热症诊治，ИВР РАН-СПб（B79mss）

S

萨满场院书，ИВР РАН-СПб（B55mss）

萨满礼仪，ИВР РАН-СПб（A32mss）

三国之歌，ИВР РАН-СПб（A79mss）

三十六条子，ИВР РАН-СПб（A90mss）

三坛谢降祝文，ИВР РАН-СПб（A109mss）

伤寒活人指掌，ИВР РАН-СПб（B79mss）

生花梦，ИВР РАН-СПб（B7mss）

盛世刍荛，ИВР РАН-СПб（B24mss）

诗语，ИВР РАН-СПб（A157mss）

食疗法，ИВР РАН-СПб（A43mss）

四十头安书，ИВР РАН-СПб（A2mss）

水浒传·第十五回，ИВР РАН-СПб（C7mss）

司马模传，ИВР РАН-СПб（A9mss）

T

天花探源，ИВР РАН-СПб（B61mss）

天神会课，ВФСПУБ-СПб（Мд232/Xyl 2246）

天问三篇，ИВР РАН-СПб（A87mss）

天主教要，ИВР РАН-СПб（B52mss）

天主教要，ИВР РАН-СПб（5：B237xyl:、B94xyl、B95xyl、B96xyl、
B97xyl）；ВФСПУБ-СПб（Мд12/Xyl68/L.75/V.18、Мд12д/Xyl
1038/L. 75、Мд12д1/Xyl 1038/L.75a、Мд12д2/Xyl340）；РНБ-
СПб（2：ОЛСАА.мандж н.с. No.14、ОР.Дорн 659）

天主实义，ИВР РАН-СПб（B112xyl、B113xyl、B223xyl、B114xyl）；
ВФСПУБ-СПб（Мд35/Xyl 1017/Ld49、Мд35д/Xyl 1018/ Ld50、
Мд35д1/Xyl 1019/Ld51、Мд35д2/Xyl1325、Мд13/Xyl78/V.29、
Мд36/Xyl1034/Ln.70、Мд36д/V.U.20）；РНБ-СПб（ОЛСАА.
мандж4-8）

天主实义，ИВР РАН-СПб（B8mss）

W

万物真原，ИВР РАН-СПб（B110xyl、B110xyl、B110xyl、B110xyl、
B110xyl、B111xyl）；ВФСПУБ-СПб（Мд18/Xyl 77/V.18、Мд18д/
V.U. 85、Мд18д1/Xyl 1040/Ln. 85、Мд18д2/Xyl 1040a/Ln. 85a、

Мд18д3/Xyl 1040v/Ln. 85v）；РНБ-СПб（2：ОР.Дорн 675、ОР.Дорн 658）

威德金刚怖畏尊佛成就法汇易知观咏仪轨文殊慧严大宝聚经，ВФСПУБ-СПб（Мд258-1/Xyl Q95-1）

威罗瓦供赞经，ВФСПУБ-СПб（Мд263-8/V.U.95-7、Plg28-2/Xyl 1846-2）

威罗瓦回向文，ВФСПУБ-СПб（Мд263-7/V.U.95-7、Plg28-3/Xyl 1846-3）

威罗瓦吉祥赞经，ВФСПУБ-СПб（Мд263-5/V.U.95-5）

威罗瓦礼赞经，ВФСПУБ-СПб（Мд263-6/V.U.95-6、Plg28/Xyl 1846）

文天祥诗一首，ИВР РАН-СПб（A105mss）

文选汇集，ИВР РАН-СПб（B32mss）

无量寿佛咒经，ВФСПУБ-СПб（Мд263-2/V.U.95-2）

悟真篇，ВФСПУБ-СПб（Мд225）

X

西番字汇，ВФСПУБ-СПб（Plg 98/Xyl F 133/ Vas 78）

西域闻见录，ИВР РАН-СПб（B27mss）

锡伯史志，ИВР РАН-СПб（C50mss）

喜宴歌，ИВР РАН-СПб（A8mss）

闲书，ИВР РАН-СПб（A156mss）

小儿科正宗，ВФСПУБ-СПб（Мд223/Xyl 414）

新刻满汉指明解要议论，ИВР РАН-СПб（A11 xyl）

新满语，ИВР РАН-СПб（C56mss）

新译成语摘抄词林，ВФСПУБ-СПб（Мд190/ Xyl 2184）

兴安庙坛笺书·卷下，ИВР РАН-СПб（C36 mss）

性理真诠，ИВР РАН-СПб（B83xyl）；РНБ-СПб（ОЛСАА.мандж4-3）

绣荷包，ИВР РАН-СПб（A3mss）

虚字指南，ИВР РАН-СПб（C34mss）

训篇，ИВР РАН-СПб（C45mss）

训书，ИВР РАН-СПб（C19mss）

训旨，ИВР РАН-СПб（C59mss）

Y

鸦嘛阿纳答嘎供赞，ВФСПУБ-СПб（Мд258-2/Xyl Q184-2）

鸦嘛阿纳答嘎回向文，ВФСПУБ-СПб（Мд 258-4/Xyl Q184-5）

鸦嘛阿纳答嘎吉祥赞，ВФСПУБ-СПб（Мд 258-4/Xyl Q184-4）

鸦嘛阿纳答嘎礼赞，ВФСПУБ-СПб（Мд258-3/Xyl Q184-3）

亚当夏娃论，ИВР РАН-СПб（A93mss）

晏子春秋·卷一，ИВР РАН-СПб（C65mss）

药书·脉论，ИВР РАН-СПб（B86mss）

伊犁战乱志书，ИВР РАН-СПб（A36mss）

医药集览·脉赋，ИВР РАН-СПб（B83mss、B84mss）

音韵翻切字母，ВФСПУБ-СПб（Мд207/Xyl Q 143）

英烈传，ИВР РАН-СПб（A59mss）；ВФСПУБ- СПб（Мд257）

庸行编，ИВР РАН-СПб（A70 mss）

用药歌诀，ИВР РАН-СПб（B85mss）

犹大国列王纪，ИВР РАН-СПб（C11mss）

御制重译金刚经序，ВФСПУБ-СПб（Мд262- 32/V.U.93-32）；РНБ-СПб
（OP.Дорн 660）

渊海子平，ИВР РАН-СПб（B68mss）

Z

张世梅书，ИВР РАН-СПб（C5mss）

针灸奇技，ИВР РАН-СПб（B92mss）

治心要类书，ВФСПУБ-СПб（Мд230/Xyl Q 615/Pozdn. No. 65）

诸病论，ИВР РАН-СПб（B82mss）

醉菩提全传，ИВР РАН-СПб（B53mss）

尊主圣范，ИВР РАН-СПб（A71mss）

文献汉文题名索引

K

L

M

N

啮指痛心　六（4），77。

P

辟释氏诸妄　五（5），60；五（11），65；五（12），66。
辟妄说　五（11），65。
平等品　四（20），51。
菩萨藏会　四（2），36。

Q

妻鸦秘密　四（22），53。
弃官寻母　六（4），77。
乾隆御制重刻心经全本序　四（1），35。
荞麦花开　六（8），80。
钦定满洲祭神祭天典礼　七（16），110。
钦定同文韵统　一（2），2。
钦定外藩蒙古回部王公表传　七（7），104。
轻世金书　五（17），70。
清汉行文语类汇钞　一（12），8。
清文翻译大藏经　四（2），36。
清文虚字指南编　一（14），9。
劝诚品　四（20），51。

R

热症诊治　三（8），28。
热症诊治·伤寒活人指掌　三（8），28。
如来品　四（20），51。
乳姑不怠　六（4），77。

S

萨满场院书　七（20），113。
萨满礼仪　七（18），112。

X

Y

Z

文献满文题名索引

［满文题名 章（条），页码……］

A

abka ejen i tacihiyan i hešen bithe　五（4），59；五（10），64。

abka ejen i tacihiyan i hešen bithe · akdaci acara nomun　五（14），68。

abka ejen i unenggi jurgan　五（2），58；五（9），63。

abka ejen wasinjime banjiha gisun yabun be ejehe bithe　五（16），69。

abkai enduri i acafi tacibure hacin i bithe　五（6），61。

adama efa i leolen　五（19），72。

akjan be donjime eifu de songgorongge　六（4），77。

ama eme i baili　六（10），81。

ama eme i baili · uju fiyelen　六（10），81。

amba g'anjur ging ni uheri ton　四（2），36。

amba sure i cargi dalin de akūnaha nomun　四（20），51。

anggai erdemu dehi duici fiyelen　二（9），17。

anggai erdemu dehi ningguci fiyelen　二（9），18。

anggai erdemu dehi sunjaci fiyelen　二（9），17。

B

ba na i ucun　六（27），93。

be lo i morin be singsileme tuwara bithe　三（11），30。

beyebe uncafi ama be umbuhangge　六（4），77。

boconggo etuku etufi efime niyaman be sebjeleburengge　六（4），77。

boo can da šeng bithe　三（1），23。

boo can narhūn oyonggo i da šeng bithe　三（1），23。

boobai dabkūrilaha nomun i šošohon gisun　四（19），50。

boobai dabkūrilaha nomun　四（2），36。

boobai fusa i aiman i nomun　四（2），36。

boobai manjusiri i biwanggirit nomun　四（2），36。

boobai sithen nomun　四（7），40。

boobai tebku de bisire nomun　四（2），36。

boobai tebku de dosire nomun　四（2），36。

buhū i sun be gaifi niyaman be uleburengge 六（4），77。

C

ciktan be jiramilara dehi ilaci fiyelen　二（9），17。

cuse moo be songgoci arsun be banjinarangge 六（4），77。

D

dacun genggiyen dehi jakūci fiyelen　二（9），18。

dacun genggiyen dehi nadaci fiyelen　二（9），18。

daicing gurun i hūwangdi i leolen　七（3），101。

daicing gurun ži ben gurun i emgi afaha bithe　六（2），75。

daicing guruni kašigar ucuni bithe　六（9），81。

dasame foloho mama yarure ice arga　三（16），33。

dasame foloho manju gisun i untuhun hergen i temgetu jorin bithe　一

（14），9。

dasara oyonggo be isabuha bithe · sudala i fu　三（6），26。

dehi uju i teisu bithe　二（11），19。

dergi fonjin i ilan fiyelen　七（5），103。

dergi han gurun i bithe　六（24），91。

dergi hesei gūsin ninggun meyen　二（6），15。

dorgi tulergi ambasa hafasai tušan i baitai uheri šošohon bithe 七 (12),
   108。
dzui pu ti i bithe 六 (19), 87。

E

eiten nimekui leolen 三 (6), 26 ; 三 (14), 31。
elhe sebjen i folon targacun i bithe 二 (5), 14。
emei jalin jui uncaburengge 六 (4), 77。
emeke de huhubume heolederakūngge 六 (4), 77。
emin hojo i faidangga ulabun 七 (7), 104。
endebuku be kimcire susai emuci fiyelen 二 (9), 18。
endebuku be kimcire susaici fiyelen 二 (9), 18。
enduringge ewanggilieon 五 (8), 63。
enduringge sure i cargi dalin de akūnaha šošohon irgebun i nomun 四 (4),
   38。
eteme yongkiyafi duleke eme sure i cargi dalin de akūnaha niyaman
   sere ging 四 (3), 37。

F

fadu šeolere ucuni mudan 六 (25), 91。
feng hūwang cy bithe 六 (16), 85。
fo hao mu lu 四 (25), 55。

G

g'anjur ging 四 (2), 36。
galman i cihai guweburengge 六 (4), 77。
gemulehe ba i arbun dursun 六 (7), 79。
genggiyen be dahara dehi uyuci fiyelen 二 (9), 18。
geren fucihi fusa enduringge ūren i maktacun 四 (25), 55。
geren holo be milarabuha bithe 五 (11), 65。

geren wang sai i bithe　五（15），68。

gi ho yuwan ben bithe　七（1），100。

gin yun kiyoo i bithe　六（18），86。

golmin hecen i ejebun　六（31），95。

guwen yuwan giyan bithe　六（6），79。

gūsin ninggun meyen　二（6），15。

H

hafan be waliyafi eniye be baihanahangge　六（4），77。

hamu be amtalafi mujilen jobošorongge　六（4），77。

han i araha dasame foloho niyaman i nomun i šutucin　四（1），35。

han i araha dasame ubaliyambuha wacir i lashalara nomun i šutucin　四（5），39。

han i araha dasame ubaliyambuha wacir i lashalara nomun　四（23），54。

han i araha manju gisun buleku bithe　一（12），8。

han i araha monggo g'anjur ging ni sioi bithe　四（2），36。

harkasi be dasara bithe　三（8），28。

harkasi be dasara · ho žin jy jang bithe　三（8），28。

harkasi ho žin jy jang bithe　三（6），26。

heje niyalma i banjin　七（4），102。

hesei toktobuha manjusai wecere metere kooli bithe　七（16），110。

hesei toktobuha tulergi monggo hoise aiman i wang gung sei iletun ulabun　七（7），104。

hesei toktobuha tung wen yūn tung bithe　一（2），2。

hinggan juktehen i sibiya bithe · fejergi debtelin　四（24），54。

hiyan dabure hengkilere irgebun　四（6），40。

hiyoo wen di juktehen i kumun maksin be toktobume wasimbuha selgiyere hese　六（6），79。

hiyoošun abka be acinggiyabuhangge　六（4），77。

ho žin jy jang bithe　三（8），28。

hoo kio juwan i bithe　六（20），88。

hūwašan i holo be milarabuha bithe　五（5），60；五（12），66。

hūsun tucime eme uleburengge　六（4），77。

hūwa tu yuwan i bithe　六（17），86。

hūwaliyasun ijishūn dehi juweci fiyelen　二（9），17。

hūwang di ejen i dorgi nomun　三（14），32。

I

ice foloho fonjime jabume šošohon gisun yongkiyalame hacin i dza
　dzi　一（5），4。

ice manju gisun　一（11），7。

ice ubaliyambuha toktoho gisun i isamjan　一（7），5。

iesu be alhūdara bithe　五（18），71。

ilan gurun i bithe　六（8），80。

ilan gurun i ucun bithe　六（8），80。

ilan mukdehun de karulara doroi wecere wecen i bithe　六（5），78。

ili facuhūn be ejehe bithe　七（9），106。

ili i ba facuhūraha erin i baita be sakdasa gisurehe be donjime ejefi
　araha bithe　七（10），106。

ilin be sara susai juweci fiyelen　二（9），18。

irgebun i gisun　六（12），83。

isabuha bithei tacin　六（36），98。

isabuha fiyelen i bithe　七（15），110。

isabuha fiyelen　二（9），17。

isabuha manju gisun i bithe　一（10），6。

isus heristos i narhūn somishūn　五（13），67。

J

jalan be weihukelere aisin i bithe　五（17），70。

jalan de ulhibure can jen heo ši i bithe　六（21），89。

jancuhūn jofohori hefeliyefi niyaman de beneburengge　六（4），77。

jang sy mei i bithe　六（30），95。

jeku oktoloro arga 三（9），28。

jen ju nang i bithe 三（6），26。

jeo gurun i bithe 六（23），90。

jilan i bulekušere enduringge i mutebure kooli durun i cusile kurdungge

　　nomun 四（9），42。

jin gurun i siowan di han i juwan i dzan bithe 七（19），112。

jolhoro šeri de mujuhu godorongge 六（4），77。

juben i bithe 六（35），98。

juhe de dedufi mujuhu be baihangge 六（4），77。

jui banjire isame banjibume arahangge 三（1），23。

julgei enduringge ucuni bithe 六（11），82。

K

kemneme getukeleme durun kooli 七（13），109。

kemungge ningge i bithe 一（9），6。

L

lama baksisa tubet ni kooli songkoi banjibuha sioi bithe 四（2），36。

lei biyan 三（2），24。

looye sunja furdan be duleke ucun 六（14），84。

lung g'ang ni eifu kūwaran de temgetulehe bithe 六（13），83。

M

man h'an i lun 一（3），3。

man h'an wen da jy ming dzung yan ciowan lei dza dzi 一（5），3。

man h'an wen da 一（5），4。

man han io hiyo dza dzi 一（4），3。

man han tung wen sin cu dui siyang monggo dza dzai 一（1），1。

mangga i ging 三（6），26。

manju gisun i untuhun hergen i temgetu jorin bithe 一（14），9。

manju gūsai i boo baire niyaman jafara dorolon bithe 七（14），109。

manju hergen banjibuha baksi erdeni g'agai　一（8），5。

manju hergen i ubaliyambuha amba g'anjur nomun　四（2），36。

manju monggo gargalame gisun　一（13），8。

manju monggo i gisun　二（7），16。

manju monggo i ulabun i bithe　六（1），74。

manju nikan buyarame meyen i bithe　七（17），112。

manju nikan hergen i gūsin ninggun meyen　二（6），15。

manju nikan hergen i ninggun jurgan i toktoho bithe　七（12），108。

manju nikan yabure hergen gisun i hacin i isabuha bithe　一（12），8。

mei giowe yuwan wei i bithe　三（7），27。

mergen erdemungge i da tucin　四（22），53。

mohon akū jalafungga fucihi i tarni nomun　四（8），41。

moo urun be folofi niyaman arame uilerengge　六（4），77。

morin i nomun　三（11），30。

mudan i hergen getukelere hergen toktoho　一（2），2。

muduri mukdeke ucun　六（29），94。

mujilen be dasara oyonggo hacin i bithe　三（3），25。

mukden ci tucike de bai ucun　六（28），93。

musei ejen isus heristos i tutabuha ice hese · enduringge ewanggilieon
　luka i ulaha songkoi　五（16），69。

N

nikan hergen i ubaliyambuha manju gisun i buleku bithe　一（12），8。

nimalan i use be gaifi niyaman de uleburengge　六（4），77。

niman i sike tetun be oborongge　六（4），77。

nimeku dasara bithe　三（12），30。

ninggun jurgan i toktoho bithe　一（7），5。

nišan saman i bithe　六（3），75。

niyaman i jalin bele unurangge　六（4），77。

niyaman i nomun　四（1），35。

niyere etuku etufi eme de acaburengge　六（4），77。

sudala i giowei　三（6），26。

sulai bithe　七（2），101。

sunja hacin i hergen kamciha manju gisun i buleku bithe　一（6），4。

suwan fa yuwan ben bithe　七（1），100。

sy ma moi ulabun i bithe　七（21），114。

Š

šeng hūwa meng ni bithe　六（15），84。

šeng ši cu noo　五（7），62。

šrii bazara b'eirawa fucihi mutebure arga boobai sithen i hūlara kooli
　durun be sara de lali obume isamjiha manjusiri bulekušeme iletulehe
　sere gebungge nomun toktoho　四（7），40；四（14），46。

šui hū bithe · tofohoci meyen　六（33），96。

T

tacibure hesei bithe　二（12），20。

tacihiyan i bithe　二（2），12。

tacihiyan i fiyelen　二（10），18。

tacihiyan i fonjire i jabun　五（14），68。

tacihiyan i jurgan de fonjin jai jabun　五（14），68。

tacikūi yamun be yendebufi bithei ursei tacin be tob oburengge　二（1），
　11。

tanggū gisun i jalan de ulhibure bithe　二（3），13。

tanggū meyen　一（10），6。

tanggūt hergen i isamjan　一（6），4。

tasha be hahūrame ama aituburengge　六（4），77。

tumen jakai unenggi sekiyen i bithe　五（3），59。

Ṭ

ṭibzun ma ṭolma ṭolma garmo zuk so　四（21），52。

ṭibzun ma ṭolma　四（21），52。

țolma garmo zuk so　四（21）52。

U

u jen piyan bithe　二（4），14。

unenggi hūturi jakūn hacin　五（13），67。

untuhun hergen i temgetu jorin　一（14），9。

W

wargi jecen i bade bifi donjiha sabuha babe ejehe bithe　七（11），107。

wecere metere de forobure gisun bithe　七（16），110。

wen tiyan siyang ni irgebun emu fiyelen　六（34），97。

wenjere hacin i lei biyan　三（2），24。

Y

yamandag'a de doroloro maktacun　四（11），43；四（17），49。

yamandag'a i forobun sindara irgebun　四（12），44；四（18），49。

yamandag'a de jukten alibure irgebun　四（13），45；四（15），47。

yamandag'a i nomun　四（14），46。

yamandag'a i sain sabingga irgebun　四（10），43；四（16），48。

yan dzi coin cio i bithe　七（5），103。

yan dzi coin cio i bithe · ujui debtelin　七（6），103。

yan dzi i bithe　七（6），103。

ying liye juwan i bithe　六（22），90。

yudas gurun i wang sai nonggime šošohon nomun i bithe　五（15），68。

yung hing biyan i bithe　二（8），17。

yung hing piyan i bithe　二（8），17。

yuwan hai dzi ping ni bithe　二（13），21。

文献俄文题名索引

[俄文题名　章（条），页码]

А

Алмазная Сутра переведенная по приказу императора　四（23），54。

Б

Безделицы　七（2），101。

Бездонное море разнообразных сведений　七（15），110。

Беседы об искоренении оспы　三（10），29。

Биография Эмин Ходжа　七（7），104。

В

Великая сутра достижения противоположного　берега мудрости　四（20），51。

Вновь изданный обзор с разъяснениями смысла на маньчжурских и китайских слов　一（3），3。

Воспоминания о мятеже в Илийском крае　七（9），106。

Воспоминания, дополненные рассказами стариков, о мятежном времени в Илийском крае　七（10），106。

Д

Древние мудрые песни　六（11），82。

З

Заметки о предупреждении различных осложнений при родах 三（1），
  23。

Записка о Великой китайской стене 六（31），95。

Записка об увиденном и услышанном во время пребывания в
  Западном крае 七（11），107。

Застольная песня 六（26），92。

Г

Гинекология 五（7），62。

Границы поучений боса 五（4），59。

И

Истинное происхождение всех вещей 五（3），59。

Истинное толкование натурфилософии 五（1），57。

Истинный смысл бога 五（9），63。

История Династии Восточной Чжоу 六（23），90。

История династии Восточной Хань в популярном изложении 六
  （24），91。

История истинного учения школы Чань 六（21），89。

История пьяного Бодисатвы 六（19），87。

К

Катехизис 五（14），84。

Книга для детей, рассказывающая о маньчжурском и монгольском
  Государствах и начинающая повествование с моторики
  государства Хань 六（1），74。

Книга о трех государствах 六（8），80。

Когда я вышивала кошелек 六（25），91。

Краткие правила 七（13），109。

Краткое изложение христианского вероучения 五（4），59。

Л

Лечебник для лошадей 三（11），30。

Лечение горячки 三（8），28。

М

Маньчжурско-китайская смесь 七（17），112。

Маньчжурско-монгольский вокабулярий 一（13），8。

Н

Надпись на надгробии в Лунгане 六（13），83。

Новым способ прививки оспы 三（16），33。

О

О подражании Христу 五（18），71。

Обозначение мест на тепе для акупунктуры 三（5），26。

Описание Пекина 六（7），79。

Описание Болезней 三（14），31。

Основы христианской веры 五（10），64。

П

Памятная записка по делам сношений Китая и Японии 六（2），75。

Паралипоменон 五（15），68。

Песня о возвышении дракона 六（29），94。

Песня о Кашгаре 六（9），81。

Песня о расставании о Мукденом 六（28），93。

Песня о родине 六（27），93。

Песня о том, как Гуань-юй лао-е прошел через пять застав 六（14），84。

Повествование о рождении ученики к деятельности Иисуса Христа первая тетрадь 五（16），69。

Повесть о герое 六（22），90。

У

Указатель служебных функций столичных и провинциальных чинов 七
（12），108。

Ш

Шаманка Нишань 六（3），75。
Шаманский двор 七（20），113。

文献相关人名索引

[人名　章（条），页码……]

A

阿加福诺夫　结语，116。

艾儒略　五（3），59。

安文公　导言（一），2；结语，117。

奥·科瓦列夫斯基　导言（二），2。

B

巴德玛扎波夫　四（25），55。

巴蒂　七（1），100。

巴里善　六（8），80。

白晋　七（1），100。

柏百福　导言（二），2。

班扎罗夫　导言（一），2。

鲍相璈　三（16），33。

比丘林　导言（四），3。

布罗塞　一（3），3；三（9），29；三（10），29；三（11），30；三（13），31；三（14），32；五（4），60；五（5），60；五（10），64；五（15），69；六（5），78；六（7），79；六（12），83；六（16），85；六（18），87；六（19），88；六（21），89；六（30），95；六（34），97；七（15），110；七（21），114。

牟允中　二（8），17。

N

诺沃肖洛夫　导言（四），3。

O

欧阳修　六（13），83。

P

帕雷舍夫　导言（一），1。
潘国光　五（6），61。
庞晓梅　导言（一），2。
普罗托波波夫　导言（三），3。

Q

秦越人　三（6），26。
青心才人　六（18），86。
齐伦皮洛夫　导言（四），3。

R

热波洛夫斯基　导言（一），2。

S

珊城清远道人　六（24），91。
施耐庵　六（33），96。
司马模　七（21），114。
司马懿　七（19），112。
斯莫特利茨基　结语，116。
孙璋　五（1），57。

T

天花藏主人　六（19），87。

后　记

本书为国家社科基金冷门"绝学"和国别史等研究专项"俄藏满文珍稀文献抢救性整理与综合研究"（2018VJX014）最终成果。书稿付梓之际，特向著名西夏学家聂鸿音先生致以诚挚的感谢。2015年幸得先生推荐，我远赴俄罗斯科学院东方文献研究所从事满文文献研究，使我开阔了视野，增长了见识，亦逐步确定了海外文献整理与研究选题。聂鸿音先生待人谦和、风趣幽默，在学术研究领域的敏感与慧眼独具使我受益终生。著名民族古文字学家孙伯君先生，涉猎广泛、治学严谨，对我的学业多有指导，在欣然应允作序的同时仍不忘鼓励我完成好这项有意义的工作。

尽管我年已不惑，但修行尚浅，承蒙李先耕、朝克、吴元丰、杜泽逊、阎国栋、李崴（Li Wei）、关辛秋、李雄飞和吴雪娟等先生悉心指导，使我获益良多。在辗转俄罗斯各图书馆期间，幸蒙俄罗斯科学院东方文献研究所所长波波娃（И. Ф. Попова）教授和满文文献研究中心主任庞晓梅（Т. А. ПАН）教授指点迷津，提供帮助。

本人才疏学浅，虽参考大量前贤论著，但仍时感力不从心；且本书涉及面广、文种众多，一定会有许多舛误，祈请诸位师友批评指正。

2022 年 9 月 29 日
于黑龙江大学